KANTÉ

MATT ET TOM OLDFIELD

LES SUPERSTARS DU FOOT

KANTÉ

RÊVER TOUJOURS PLUS GRAND

Traduction de l'anglais (Royaume-Uni)
par Roberto Larcos

Albin Michel Jeunesse

Titre original :
ULTIMATE FOOTBALL HEROES : KANTÉ

22, rue Huyghens, 75014 Paris
www.albin-michel.fr

Pour tous les lecteurs,
jeunes et moins jeunes.

LES SUPERSTARS DU FOOT

Matt Oldfield est un écrivain accompli,
et le rédacteur en chef du site de critique littéraire
sur le thème du football *Of Pitch & Page.*
Tom Oldfield est journaliste sportif indépendant,
et l'auteur de biographies sur Cristiano Ronaldo,
Arsène Wenger et Rafael Nadal.

Illustration de couverture réalisée par Alain Siauve.

Chapitre 1

CHAMPION DU MONDE

15 juillet 2018, stade Loujniki, Moscou

– N'GOLO KANTÉ ! hurle le présentateur dans son micro, l'écho de sa voix retentissant dans le stade.

N'Golo a le sourire. Il observe la foule de chaque côté du terrain et s'avance au milieu des confettis bleus, blancs, rouges, pour recevoir sa médaille. Étourdi, il serre les mains des représentants officiels de la Fifa. Ses lèvres bougent, des mots semblent sortir de sa bouche, mais plus tard, N'Golo ne se souviendra plus de ce qu'il leur a dit. Il rejoint ensuite ses coéquipiers. La même joie se lit sur leurs visages.

– Un tonnerre d'applaudissements pour la France, championne du monde 2018 ! crie à nouveau le commentateur en direction du public.

Des feux d'artifice explosent tout autour de N'Golo. Il sursaute, puis comprend ce qui se passe. La fête peut commencer! Après un long mois d'intense compétition, les Français l'ont fait. Ils ont gagné la Coupe du monde! Oubliée, leur défaite en finale de l'Euro 2016 contre le Portugal, ils viennent de remporter leur deuxième étoile et le plus prestigieux trophée du football mondial.

Pourtant, leur parcours n'a pas été de tout repos. Ils ont vécu des moments de doute, comme en huitième de finale, lorsqu'ils étaient menés 2-1 par l'Argentine de Lionel Messi, ou comme en demi-finale, lorsqu'ils n'ont gagné que de justesse face à la Belgique d'Eden Hazard. Malgré cela, ils se sont imposés 4-2 en finale face à la Croatie. C'est officiel désormais ; les Français sont sur le toit du monde.

« Allez les Bleus! Allez les Bleus! »

N'Golo n'a pas marqué durant la compétition, mais cela n'a pas grande importance. Ce n'est pas ce qu'on attend de lui. Et puis, la France peut compter sur l'habileté d'Antoine Griezmann, la vitesse de Kylian Mbappé et la puissance de Paul Pogba pour inscrire des buts. Le travail de N'Golo consiste à sillonner le milieu de terrain, à la fois pour protéger la défense et pour récupérer des ballons à transmettre aux attaquants de son équipe.

Et il a rempli sa tâche avec brio. Ses courses incessantes ont permis de contenir l'armada croate et de contrer leur capitaine et joueur vedette : Luka Modric. Il n'a fait qu'appliquer ce que ses coéquipiers et lui avaient étudié tous ensemble à l'entraînement les jours précédant la grande finale. Lorsque N'Golo a été remplacé en seconde mi-temps, l'entraîneur ayant voulu apporter du sang neuf dans le groupe et lui éviter de recevoir un nouveau carton jaune, il pouvait être fier du boulot accompli. Lui et ses coéquipiers ont su répondre présents quand il le fallait.

« On est les champions, on est les champions, on est, on est, on est les champions! »

Alors que le trophée en or passe de mains en mains, N'Golo attend patiemment son tour. Il préfère rester en retrait et laisser les autres dans la lumière. Il fait partie des hommes de l'ombre et cela lui convient très bien.

– N'oubliez pas N'Golo! s'écrie le sélectionneur, Didier Deschamps, en apercevant son milieu de terrain à l'écart.

Finalement, la coupe arrive jusqu'à N'Golo. Ses coéquipiers entament une petite danse de la victoire tandis qu'il l'embrasse et la soulève au-dessus de sa tête. Il fait signe aux caméras qui l'entourent. Il espère secrètement que sa famille et ses amis, où qu'ils soient dans le monde, le verront. C'est une soirée mémorable et si jusqu'ici les gens ne connaissaient pas N'Golo Kanté, son nom est désormais sur toutes les lèvres.

N'Golo vit intensément ce moment, et il a le pressentiment que ce n'est pas la dernière fois que cette équipe soulèvera un trophée dans un tournoi majeur.

Dès leur arrivée en Russie, ses membres ont su faire preuve de courage et de sérénité. Et puis, Kylian n'a que dix-neuf ans, Paul Pogba, Antoine Griezmann et Raphaël Varane sont dans la fleur de l'âge : ce groupe a tout l'avenir devant lui !

– Quelle soirée, mon pote ! crie Paul à l'oreille de N'Golo tandis qu'ils entament un tour d'honneur avec le drapeau français sur les épaules. On est champions du monde !

– Je n'arrive pas à y croire, dit N'Golo, avec un large sourire. Je rêve de soulever ce trophée depuis que je suis tout petit, mais là, c'est encore plus fort et plus beau que tout ce que j'avais imaginé.

– Attends de voir la fête qu'on nous fera à Paris, lorsqu'on descendra les Champs ! On sera accueillis comme des vraies rock stars.

– Pas mal pour deux gamins qui ont grandi à la dure, lui glisse N'Golo avec un coup d'œil complice.

– La victoire n'en est que plus belle, répond Paul. J'espère que les jeunes qui nous regardent ce soir s'en inspireront et suivront nos traces.

Kylian jaillit subitement juste à côté d'eux.

– C'est bon les gars, vous avez fini votre petite réunion secrète ? leur lance-t-il en riant. Allez, venez, on va se faire prendre en photo tous ensemble !

N'Golo se tourne vers le poteau de corner le plus éloigné. Tout à sa discussion avec Paul, il n'avait même pas remarqué que ses partenaires s'étaient rassemblés pour immortaliser ce moment. Le stade est en ébullition. Aucun des supporters français ne semble vouloir quitter les gradins.

– Le dernier arrivé chante l'hymne tout seul ! crie Paul en sprintant avec N'Golo et Kylian sur les talons.

N'Golo est d'ordinaire si sérieux lorsqu'il joue que ses coéquipiers sont toujours un peu surpris de le voir se lâcher. En arrivant au niveau du groupe, il saute sur le dos d'Antoine et agite les bras au rythme des tambours qui animent la foule.

Et puis N'Golo et ses partenaires rentrent au vestiaire. Ils doivent se préparer pour la grande fête qui les attend, et qui a été organisée en catimini. Tout était planifié depuis le début de la semaine, le secret a été bien gardé. Personne ne voulait leur porter la poisse.

Assis près de son casier, avec la musique en fond sonore et ses protège-tibias éparpillés sur le sol, N'Golo s'appuie contre le mur et ferme les yeux l'espace d'une minute. À vingt-sept ans, il sait que sa carrière est loin d'être terminée et qu'elle lui réserve encore de belles surprises, mais quelle aventure incroyable il a vécu ! Ça n'a pas toujours été facile, pas toujours joyeux non plus, mais jamais il n'a douté et, surtout, il ne s'est pas ennuyé un seul instant.

Mais il n'a pas le temps de poursuivre sa réflexion. Paul se laisse tomber à côté de lui pour faire un selfie. Trêve de rêveries, N'Golo passe son bras autour de l'épaule de son ami et sourit pour la photo.

Chapitre 2

LA VIE DE FAMILLE À PARIS

– Les enfants, à table ! lance la maman de N'Golo, tout en éteignant le four et en prenant une pile d'assiettes dans le buffet.

Le petit N'Golo pose son crayon et se précipite dans la cuisine. Ce n'est jamais une très bonne idée d'obliger sa mère à se répéter.

– Qu'est-ce qu'on mange ? demande-t-il en traversant la pièce à toute allure et en manquant de renverser la vaisselle sur le plan de travail. Oups, désolé !

Sa mère lui lance un regard sévère et lui désigne sa chaise.

– Si tu t'assois calmement, tu le sauras.

Tandis qu'elle dépose le plat de haricots et le pain, N'Golo se lèche les babines. Les portions sont maigres ; cela ne le dérange pas, il a l'habitude. N'Golo est encore jeune, mais il sait combien ses parents se sacrifient pour lui et ses frères et sœurs. Ils travaillent dur pour les nourrir, mais même comme ça, l'argent vient toujours à manquer. Le confort qu'ils n'ont pas est compensé par les rires et la musique qui emplissent leur appartement.

Toute la famille se rassemble autour de la table et commence à manger. N'Golo pousse ses haricots avec un morceau de pain tandis qu'une de ses sœurs fait un récit très détaillé de la dernière répétition de danse de son école. On ne lui en demandait pas autant ! Qu'importe, c'est ce que N'Golo préfère, lorsqu'ils dînent ensemble.

Le soir, N'Golo enfile son pyjama, se couche dans son lit et attend que sa maman vienne lui souhaiter bonne nuit. Quels que soient l'heure ou son état de fatigue, elle trouve toujours un moment pour lire une histoire à chacun de ses enfants avant qu'ils ne s'endorment.

– Tu veux que je te lise le livre sur les lapins, mon chéri ? murmure-t-elle en se penchant dans l'embrasure de la porte.

N'Golo secoue la tête.

– Tu peux encore me raconter comment vous êtes arrivés en France ?

Sa mère sourit. C'est une question qui revient régulièrement dans la bouche de N'Golo ces dernières semaines. Quelques années auparavant, elle et son mari ont quitté le Mali pour chercher du travail en France. Il y a eu des hauts et des bas, mais ils sont fiers de la vie qu'ils ont construite à Paris.

– Tu es sûr ? Tu dois la connaître par cœur maintenant, dit-elle en s'asseyant au bout de son lit. Tu n'en as pas assez ?

– Absolument pas ! dit-il en se blottissant sous sa couverture. C'est l'histoire de notre famille. Je ne m'en lasserai jamais.

Alors que sa mère termine la version courte du récit, elle adresse un sourire à N'Golo.

– Et puis quelques années plus tard, tu es arrivé dans notre vie et tu nous as apporté encore plus de bonheur.

N'Golo la prend dans ses bras et l'embrasse.

– Tu as été très courageuse, maman. Ça devait être tellement effrayant de quitter le Mali pour un nouveau pays où tu ne connaissais personne. (Il s'arrête, considère le plafond.) Je me demande si j'aurai à traverser un jour des épreuves similaires. J'espère que je pourrai voyager…

Sa mère remonte la couverture pour que son fils n'ait pas froid.

– L'avenir te réserve de belles choses. J'en suis sûre.

– Tu crois ? Tu penses que je pourrais devenir astronaute ? Ou pilote de voitures de course ?

Sa maman se met à rire.

– Ce n'est pas tout à fait ce que j'imaginais, mais on ne sait jamais. Tant que tu es heureux, tout me va.

N'Golo se creuse la tête.

– Non, c'est vrai, je me vois mal faire ça plus tard. Peut-être que je pourrais être footballeur, plutôt. Mon professeur m'a dit que j'étais l'un des meilleurs de ma classe, et puis je marque plein de buts pendant la récréation.

– Pourquoi pas ? répond sa mère. (Ce n'est pas la première fois qu'elle entend dire que N'Golo aime le foot et qu'en plus, il est doué !) Rêve toujours grand, mon garçon, conclut-elle en l'embrassant sur la joue avant d'éteindre la lumière. Mais même les meilleurs joueurs ont besoin de dormir.

Alors que N'Golo est allongé dans le noir, il ferme les yeux et s'imagine en train de marquer le but de la victoire dans une finale, avec ses coéquipiers qui se précipitent vers lui pour le féliciter et sa famille qui l'acclame depuis les tribunes, entourée d'une foule de supporters.

– Après tout, pourquoi pas ? murmure-t-il pour lui-même, répétant les mots de sa mère, tandis qu'il est sur le point de s'endormir.

Chapitre 3

UN AVANT-GOÛT DE SUCCÈS

– Allez, dépêche-toi, on va être en retard ! crie son père depuis la porte d'entrée. Si on ne part pas maintenant, on va rester debout pendant tout le match.

– Mais je ne trouve plus mon maillot bleu ! répond N'Golo en fouillant frénétiquement sa chambre. Si je ne l'ai pas et qu'on perd, je m'en voudrai toute ma vie.

Son père se met à rire.

– C'est du N'Golo tout craché, ça, murmure-t-il.

– Ah ! Je l'ai ! crie N'Golo. (Il jette l'autre T-shirt sur le lit et enfile son porte-bonheur.) Ça y est, je suis prêt.

C'est un jour un peu spécial, ce 12 juillet 1998 : la France affronte le Brésil en finale de la Coupe du monde. En quelques coups de téléphone, N'Golo et son père ont trouvé l'endroit idéal pour regarder le match.

N'Golo reste silencieux tout le long du trajet. Son papa l'observe dans le rétroviseur. Difficile de deviner ce que le garçon a en tête.

– Tu sais, c'est déjà un exploit d'arriver jusqu'ici. N'oublie pas qu'on est les outsiders ce soir, la pression sera sur les Brésiliens.

N'Golo acquiesce, tout en regardant par la fenêtre. Lui et ses amis ne parlent que de cette finale depuis trois jours. Il n'a pu voir que quelques matchs, mais il a très vite décidé que Lilian Thuram était sa nouvelle superstar préférée.

Son père poursuit, imperturbable :

– La sélection compte beaucoup de joueurs dont les familles ont une histoire similaire à la nôtre. Les parents de Zidane viennent d'Algérie, Vieira vient du Sénégal, Thuram, de la Guadeloupe. C'est inspirant de les voir tous évoluer à aussi haut niveau, n'est-ce pas ?

Une fois arrivé, tandis qu'il assiste à la présentation des équipes et au chant de *La Marseillaise*, N'Golo sent des frissons parcourir ses bras. Ces joueurs sont soutenus par tout un pays. Il se ronge les ongles et boit un grand verre d'eau en attendant le coup d'envoi. Autour de lui, les fans chantent, mais N'Golo reste silencieux. Son cœur bat à toute vitesse.

À la vingt-septième minute, N'Golo se tortille sur sa chaise, Emmanuel Petit va frapper son corner. Les joueurs français se bousculent dans la surface pour reprendre le centre, mais c'est Zidane qui se faufile au cœur de la défense brésilienne et qui, d'une tête piquée, trompe le gardien. 1-0 ! Tout d'un coup, c'est la folie dans le bar. Les gens se lèvent d'un bond, ils crient, ils se tapent dans la main, ils se serrent dans les bras.

« Allez les Bleus ! Allez les Bleus ! »

Alors que le Brésil tente d'égaliser, N'Golo se chuchote à lui-même : *Non ! Ne les laissez pas marquer, dégagez le ballon le plus loin possible !* Il se couvre les yeux au moment où les défenseurs français se précipitent vers le but pour contrer un tir. N'Golo fait de grands signes de la main en direction de l'écran comme s'il ordonnait aux milieux de revenir.

Et juste avant la mi-temps, Zidane double la mise ! Son père et son frère se jettent sur N'Golo pour l'embrasser et le serrer dans leurs bras tandis que de parfaits inconnus les rejoignent.

– Ils vont vraiment le faire ! crie N'Golo à son papa, qui n'entend rien de ce que lui dit son fils avec tout ce bruit autour d'eux.

Les gens sont debout sur les tables et quelqu'un agite même sa chemise au-dessus de sa tête.

À la mi-temps, N'Golo piaffe d'impatience sur sa chaise pendant que la télévision diffuse les meilleurs moments des quarante-cinq premières minutes. Il est trop nerveux pour grignoter un des en-cas disposés devant lui, que son père lui propose.

– Peut-être plus tard, dit-il en quittant à peine l'écran des yeux.

La pause semble ne jamais vouloir prendre fin.

« Allez, la France! »

N'Golo n'a pas bougé d'un cil pendant toute la seconde période, à part pour se ronger les ongles de temps en temps. Il applaudit à chaque action avec tous les autres supporters, encourage son équipe à chaque passe et compte les minutes. Lorsqu'Emmanuel Petit inscrit le troisième but dans les dernières secondes, il pousse un long soupir de soulagement. Impossible que les Brésiliens reviennent au score désormais. Les Français sont sur le point de devenir… champions du monde !

Les premiers feux d'artifice retentissent à l'extérieur. N'Golo a encore beaucoup à apprendre sur le football, mais il en connaît suffisamment pour savoir que ce jour restera longtemps gravé dans sa mémoire – peut-être même pour toujours.

Sur le chemin du retour, tout se mélange devant les yeux de N'Golo : les maillots et les drapeaux tricolores, les voitures qui klaxonnent, la musique à chaque coin de rue… C'est une grande et belle nuit de fête qui s'annonce.

– Il n'y a que le football qui permette ça, lui glisse son père. Quoi qu'il se passe dans ta vie, tu peux tout oublier l'espace de quatre-vingt-dix minutes… ou plus !

– Ça doit être fou de procurer autant de bonheur aux gens, répond N'Golo, en regardant avec étonnement les scènes de liesse tout autour de lui.

Qu'est-ce que sa mère lui dit souvent ?

« Rêve toujours grand, mon garçon. »

Chapitre 4

UN PETIT BOULOT

N'Golo met ses chaussures aussi discrètement que possible et se dirige sur la pointe des pieds vers l'entrée. Il prend son manteau sur le crochet et ouvre doucement la porte, tout en regardant par-dessus son épaule pour s'assurer qu'il n'a réveillé personne. Il a trouvé un petit boulot qui devrait lui permettre de gagner quelques euros de plus pour sa famille.

– Si tu arrives à nous apporter des matériaux recyclables, on devrait pouvoir te donner un peu d'argent, lui explique son patron.

Un vrai défi pour N'Golo. Alors que certains de ses amis abandonnent après quelques jours de travail, il multiplie les kilomètres sans jamais se plaindre. Chaque semaine, il essaie de couvrir quelques rues supplémentaires. Il marche paisiblement sous le soleil, en sifflotant, absorbé dans sa bulle. Certains jours, il lui arrive d'avoir plus de chance que d'autres, comme ce samedi matin un peu particulier.

N'Golo hèle un vieux monsieur qui traîne un grand sac d'ordures sur le bord du trottoir, où il en a déjà empilé trois.

– Je peux vous donner un coup de main ?

L'inconnu regarde autour de lui, haletant, et lui fait signe de se rapprocher.

– C'est gentil, mon garçon, lui répond-il. Je crois que je suis à bout de forces.

N'Golo l'aide à soulever son sac et, ensemble, ils le balancent à côté des autres. Le vieux monsieur a retrouvé son souffle et, alors que N'Golo est sur le point de partir, il lui lance :

– Qu'est-ce que tu transportes là-dedans ?

N'Golo hésite, il n'aime pas trop parler de ce qu'il fait.

– Ce n'est rien. Juste quelques bouteilles en plastique et des matériaux à recycler. Je touche un peu d'argent supplémentaire quand je trouve des objets vraiment utiles ; les gens jettent des choses super intéressantes.

– Eh bien, voyons si je peux t'aider, répond l'autre en tentant d'ouvrir un de ses sacs-poubelle. Je crois qu'il y a des bouteilles là-dedans.

En effet, il en sort deux bouteilles en plastique, une brique de lait et des emballages. Exactement ce que cherche N'Golo.

– Merci beaucoup.

– Attends, ce n'est pas tout, ajoute l'homme, qui se dirige d'un pas rapide vers son garage, avant de revenir avec une grande boîte en carton. J'allais aussi me débarrasser de toute cette camelote. Ce sont les jouets de mes petits-enfants et ils ne s'y intéressent plus. Prends ce que tu veux.

Les yeux de N'Golo s'illuminent quand il découvre le contenu du carton. Ces antiquités sont peut-être bonnes à jeter pour le vieux monsieur, mais pour lui, c'est un véritable trésor !

– Vous êtes certain de ne plus en avoir besoin ? s'assure-t-il, histoire de ne pas s'emballer trop vite.

Le retraité hoche la tête avec un sourire.

– C'est ma façon de te remercier de m'avoir donné un coup de main.

N'Golo glisse quelques petites voitures dans sa poche pour les rapporter chez lui. Puis il remplit son sac de toutes sortes de détritus recyclables : un morceau de rail, un service à thé, et une tour en spirale. Il reprend son chemin avec son butin sur l'épaule et, parvenu au coin de la rue, il se retourne une dernière fois pour saluer l'homme. Arrivé chez son patron, il dépose ses trouvailles et attend le verdict.

– Tu as l'air plutôt content de toi, lui lance son patron en se balançant sur sa chaise. Voyons ce que tu nous apportes…

Il soupèse le sac et arque un sourcil. Puis il extrait les jouets un par un, et fait le décompte des objets en plastique.

– Tu as vidé le coffre d'une école ? demande-t-il, un brin suspicieux.

– Pas du tout. C'est juste une récompense pour avoir aidé quelqu'un, répond N'Golo.

Son patron n'est pas convaincu par son histoire, mais il hausse les épaules et sort une liasse de billets de son portefeuille.

– C'est du bon boulot, lui dit-il en les tendant à N'Golo, que la somme a rendu fébrile.

N'Golo fourre son butin dans sa poche et rentre chez lui à toute vitesse, comme s'il fallait mettre l'argent à l'abri.

– Maman ! crie-t-il en passant la porte.

Même si son gain de la journée ne suffit pas à remplir un Caddie de supermarché, il est très fier de venir en aide à ses parents.

Sa mère se précipite vers lui avec un air paniqué.

– Qu'est-ce qui ne va pas ?

– Rien. Désolé, je ne voulais pas te faire peur. J'ai une bonne nouvelle à t'annoncer ! J'ai bien bossé ce matin et regarde ce que mon patron m'a donné pour me récompenser, dit-il d'un trait, en sortant l'argent de sa poche.

Sa mère reste sans voix. Elle serre délicatement N'Golo dans ses bras avant de l'embrasser sur le front. *On n'est jamais au bout de ses surprises avec celui-là,* se dit-elle.

Chapitre 5

LA JS SURESNES

N'Golo s'avance en tête de file.

– Bonjour, tu veux passer les tests pour faire partie du club ? lui demande gentiment un homme, muni d'un carnet et d'un stylo.

N'Golo acquiesce et ajoute son nom à la liste. Il ne sait pas trop comment vont se dérouler ces essais, mais un copain de classe lui a parlé de la JS Suresnes et c'est l'occasion pour lui de se faire une idée du club. Ses parents étaient trop occupés pour l'y amener, et il est donc venu par ses propres moyens. La ferveur de la Coupe du monde semble déjà lointaine, mais N'Golo est toujours fan de foot. Lui aussi veut faire partie d'une équipe, comme Thuram, Zidane et les autres superstars françaises. Pourtant, lorsqu'on lui demande quel poste il préfère, N'Golo ne sait pas quoi répondre.

– Eh bien, euh, n'importe où, sauf gardien de but, finit-il par dire en haussant les épaules, espérant ne pas avoir l'air trop bête. Il est beaucoup trop petit pour être dans les cages, mais il jouerait volontiers partout ailleurs sur le terrain.

L'entraîneur lui tend une chasuble verte avec le numéro 3 et lui lance :

– Tu vas commencer en défense.

À peine N'Golo est-il entré sur la pelouse qu'un coup de sifflet retentit. Il se retourne et aperçoit un homme plus âgé et plus grand que l'entraîneur qui l'a accueilli, tenant lui aussi un bloc-notes.

– Bonjour les garçons ! crie-t-il. Pour ceux qui ne me connaissent pas, je suis Piotr et je supervise les jeunes à Suresnes.

N'Golo regarde autour de lui et reconnaît certains de ses camarades d'école. La plupart discutent et plaisantent, mais N'Golo décide de rester là où il est pour pouvoir écouter les consignes le temps d'enfiler sa chasuble.

– Merci à tous d'être venus cet après-midi, poursuit Piotr. C'est agréable de retrouver des visages familiers, mais aussi de voir de nouvelles têtes. Bienvenue à tous !

Du coin de l'œil, N'Golo regarde deux joueurs faire des jongles et d'autres gestes techniques qu'il serait bien incapable de reproduire. Mais même s'ils sont plus forts que lui, il y a une chose dont il est sûr : aucun d'entre eux ne peut le battre à la course.

– Eh, comment tu t'appelles ? l'interpelle un garçon de son équipe.

N'Golo se présente et lance un salut timide à ses autres partenaires.

– Cool, moi, c'est Luc, répond un garçon maigrelet aux cheveux longs. Lui, c'est Fab, poursuit-il en désignant son voisin.

– C'est grâce à mes superbes passes que Luc peut marquer tous ses buts, lance Fab en souriant.

L'équipe des verts se met en place et, très vite, un match à six contre six commence. N'Golo est surpris par la qualité du ballon, lui qui a l'habitude de jouer avec des vieilles balles au cuir usé. Il réceptionne soigneusement chaque passe, et transmet le ballon aux joueurs qui lui semblent démarqués.

– Belle défense ! le félicite un entraîneur depuis la ligne de touche alors que N'Golo vient de contrer une action dangereuse.

Après trente minutes à peine, N'Golo a déjà l'impression de faire partie de l'équipe. Ses principaux atouts sont l'agressivité, l'endurance et la persévérance. Il ne laisse personne le dépasser sans lui donner du fil à retordre. Luc et Fab sont bien meilleurs pour dribbler et tirer, aussi, N'Golo concentre tous ses efforts pour récupérer et relancer la balle.

Après leur premier match, les verts de N'Golo rencontrent les rouges et, dès le coup d'envoi, ce dernier se précipite au contact de l'adversaire pour s'emparer du ballon. Il le transmet directement à Luc, dont la frappe enroulée passe juste à côté du but.

– Bonne chance pour tenter de dribbler notre pitbull ! lance Fab aux rouges, alors que N'Golo a tout juste réalisé une nouvelle interception.

En face, les esprits s'échauffent :

– Jouez loin du 3 ! crie un garçon en colère. Il nous pique le ballon à chaque fois !

À la pause, Luc envoie une petite tape dans le dos de N'Golo.

– Tu es doué, tu sais ? Tu étais où l'année dernière ?

– Nulle part, répond N'Golo. Je n'ai jamais fait partie d'un club auparavant, je jouais au parc, avec mes frères.

Luc n'en croit pas ses oreilles.

– Comment ça, jamais ? Je ne l'aurais pas cru vu la façon dont tu joues. Je suis sûr que les coachs t'ont mis sur la liste des titulaires pour la saison prochaine.

– Tu étais déjà ici l'année dernière ? lui demande N'Golo qui saisit sa chance d'en apprendre un peu plus sur l'équipe et de se faire un nouvel ami.

Luc acquiesce.

– Oui, et je m'y plais vraiment. On s'amuse bien ici, et puis les entraîneurs ne sont pas obsédés par l'argent, ils sont aussi là pour nous apprendre à bien jouer.

– Il y a de la place pour moi ? glisse N'Golo.

– Je pense. On a perdu deux mecs à l'intersaison et l'un de nos milieux de terrain s'est blessé. Il sera absent une bonne partie de l'année.

N'Golo a encore beaucoup de questions sur le bout de la langue, mais il devra attendre la fin de l'entraînement pour les poser. Les jaunes, leurs prochains adversaires, font circuler le ballon sur le côté, et ils semblent bien sûrs d'eux.

– Viens, on y va, dit Luc en tapant dans la main de N'Golo. On va pas laisser ces mecs mettre un terme à une si belle série de victoires !

Cinq minutes plus tard, les verts mènent 3-0 et les deux entraîneurs suivent avec attention tout ce qui se passe sur le terrain.

– Vous savez maintenant quelle est la meilleure équipe ! lance Fab à Piotr avec un grand sourire.

Piotr rit, mais son regard se concentre sur le petit numéro 3. Il est toujours au bon endroit pour récupérer le ballon. Il n'est pas le plus costaud, mais il fournit beaucoup d'efforts, presque deux fois plus que les autres.

– Ça fait deux heures que les gamins jouent, confie Piotr à Jean, un membre du staff. Mais le 3 n'est pas essoufflé.

– Je pense qu'on a trouvé notre nouveau milieu de terrain, répond Jean.

– Comment s'appelle-t-il ? demande Piotr.

– N'Golo Kanté, dit Jean en jetant un coup d'œil à la liste des noms.

– Eh bien, glissons-lui quelques mots avant qu'il parte. Histoire qu'aucune autre équipe ne nous le pique.

Chapitre 6

RESTER FORT

« On est les champions, on est les champions, on est, on est, on est les champions! »

N'Golo chante, entouré de ses coéquipiers. Ils se passent le trophée de mains en mains. C'est la conclusion idéale d'une première saison de rêve à la JS Suresnes. Et le tout nouveau milieu de terrain compte bien soulever de nouvelles coupes l'année prochaine…

Mais seulement quelques jours après avoir remporté ce premier titre et avoir été nommé « meilleur joueur du tournoi », N'Golo a vu sa vie bouleversée par une horrible nouvelle. Un soir, la mère de N'Golo a rassemblé tous ses enfants autour de la table et, d'une voix douce et empreinte de tristesse, leur a appris que leur père était mort l'après-midi même. N'Golo ne se souvient plus de grand-chose d'autre, sinon que sa tête s'est mise à tourner. Ils ont parlé pendant des heures, ils ont pleuré, ils se sont pris dans les bras, et ils ont encore versé quelques larmes avant de s'étreindre à nouveau.

Le soir, dans son lit, N'Golo s'est demandé ce que cela allait changer pour lui et sa famille. Allaient-ils devoir retourner au Mali ? Auraient-ils assez d'argent pour survivre ? Finalement, épuisé par cette journée, il a fermé les paupières, mais avant de s'endormir, il se fait la promesse d'honorer la mémoire de son père – à la maison, à l'école et sur le terrain.

Très peu de personnes connaissent les parents de N'Golo à la JS Suresnes, mais la nouvelle se répand comme une traînée de poudre. Ses coéquipiers essaient de lui remonter le moral, et Piotr le prend à part dans son bureau à la fin de l'entraînement.

– N'Golo, je suis si triste pour toi. Comment tu te sens ?

N'Golo hausse les épaules.

– Ça va, enfin, je pense… Je n'arrive toujours pas à y croire.

– Prends tout le temps qu'il te faut. Si tu dois manquer quelques matchs pour rester avec ta famille, n'hésite surtout pas. Tu as tout notre soutien. Ça doit être un peu confus dans ta tête en ce moment.

– En fait, je crois que ça me fait du bien de venir au foot et je pense que mon père aurait voulu que je continue à jouer.

Piotr acquiesce.

– Je vois. En tout cas, sache que quelle que soit ta décision, je comprendrai.

Les mois suivants sont difficiles. N'Golo participe davantage aux tâches ménagères – vaisselle, lessives, nettoyage – afin de soutenir sa maman qui multiplie les heures supplémentaires pour subvenir aux besoins de la famille. Les Kanté vivaient déjà avec un tout petit budget, mais maintenant, chaque euro compte.

Malgré tous ces bouleversements, N'Golo est toujours aussi bon sur le terrain. Piotr suit avec admiration la progression de son milieu vedette. Il bloque toutes les attaques et court inlassablement tout au long des quatre-vingt-dix minutes de match. Bien qu'il ne soit pas du genre à chercher les éloges ou à attirer l'attention, il est devenu le meilleur joueur de l'équipe.

N'Golo a toujours été discret dans les vestiaires, mais avec le temps, il commence à donner de la voix. Par une matinée froide et venteuse, la JS Suresnes est menée de deux buts après seulement dix minutes de jeu face à ses rivaux locaux. N'Golo voit ses partenaires baisser la tête les uns après les autres. Ils sont en retard sur tous les ballons et ils commettent erreur sur erreur.

À la mi-temps, le score est de 3-0 et le silence règne dans le vestiaire. Luc et les autres tournent tous le regard vers le sol. Pour la première fois, N'Golo se lève et balance ce qu'il a sur le cœur :

– Qu'est-ce qui vous prend, les gars ? On dirait que le match est déjà terminé. Il reste encore quarante-cinq minutes et pour l'instant, ils ont clairement plus envie que nous de gagner. Mais on peut et on *doit* changer d'attitude. On doit se battre sur chaque tacle, courir après tous les ballons, et si on parvient à marquer dans les premières minutes de la seconde période, on les fera douter. Allez là, un peu d'orgueil !

Le discours de N'Golo produit son effet. Une à une, les têtes se relèvent et les voix de ses coéquipiers se joignent à la sienne.

– Ouais, on va pas se laisser marcher sur les pieds !

– On est plus forts qu'eux de toute façon !

Piotr n'oubliera jamais cette seconde période. Dès le coup d'envoi, N'Golo effectue un tacle et récupère le ballon à la régulière, laissant derrière lui son vis-à-vis éberlué. Il harcèle le défenseur adverse et obtient un corner que Fab tire en direction de Luc. D'une tête décroisée, celui-ci réduit la marque : 3-1 !

– Allez les gars ! crie ce dernier en revenant vers le rond central. On va y arriver !

À compter de ce moment-là, ils maintiennent une pression permanente. N'Golo couvre chaque brin d'herbe, interceptant les passes et les remises en jeu. Après un mauvais dégagement, il se jette sur le ballon avant de partir en dribble vers le but. Il cherche un attaquant démarqué, mais comme tous les deux sont sous bonne garde, il poursuit sa course. Finalement, il efface le dernier défenseur et centre au second poteau. Fab n'a plus qu'à reprendre la balle et la lancer droit dans les filets. 3-2 !

N'Golo ne cesse d'encourager ses partenaires.

– On va égaliser, on lâche rien ! leur crie-t-il.

Plus tard, il saute plus haut que les autres et intercepte un nouveau ballon qu'il relance immédiatement vers l'avant avec une passe en cloche. Les deux défenseurs sont trop lents à réagir. Luc les dépasse, dribble le gardien et pousse doucement le ballon au fond des filets. 3-3 !

Sur le bord du terrain, les remplaçants de la JS Suresnes exultent et se tapent dans les mains. Il reste encore quinze minutes à jouer. Auront-ils assez de temps pour inscrire un dernier but ? N'Golo voit bien au visage de ses adversaires qu'ils sont au bout du rouleau.

Ils pensaient que le match était fini à la mi-temps, se dit-il, un brin revanchard. Les muscles de ses jambes commencent à tirer, mais il refuse de ralentir pour autant. N'Golo sait que son père lui aurait conseillé de ne rien lâcher, et c'est bien ce qu'il compte faire.

Alors que les joueurs de la JS Suresnes se ruent à l'attaque, leurs adversaires en profitent pour les prendre à contrepied et, après à peine trois échanges, les voilà en situation de surnombre à proximité du but.

Mais N'Golo a vu arriver le danger et il est revenu en défense à toute vitesse. Il sait déjà pour qui sera la dernière passe, et il se jette dans un tacle pour intercepter la balle et la dévier en corner. Alors qu'il se relève, cinq de ses coéquipiers se précipitent à sa rencontre.

– Comment t'as fait pour la choper, celle-là ? lui demande Luc, ahuri.

– Je crois que tu nous as vraiment sauvés sur ce coup-là, ajoute Pierre en se grattant la tête.

Deux minutes plus tard, N'Golo se lance à nouveau dans une grande course – cette fois en direction de la cage adverse. Il joue un une-deux rapide sur l'aile droite mais il sait que ses jambes ne lui permettront pas d'aller jusqu'au bout de l'action. Il décide donc de centrer, mais il dévisse complètement sa frappe qui se dirige vers le but, ce qui n'était pas du tout prévu !

Le ballon file, presque au ralenti, et passe au-dessus du gardien qui recule désespérément. Non, elle ne va pas entrer ? Le cœur de N'Golo se serre lorsque le ballon percute la barre transversale, mais ce n'est pas terminé. Fab s'élance et la reprend de la tête. 4-3 pour la JS Suresnes !

Non seulement ils ont rattrapé leur retard, mais désormais, ils mènent au score ! N'Golo s'effondre sur la pelouse. Il n'a même plus assez de force pour aller fêter le but avec ses coéquipiers. Alors ce sont Luc, Fab et les autres qui se précipitent pour lui sauter dessus.

Leurs adversaires ont à peine le temps de donner le coup d'envoi que l'arbitre siffle la fin de la rencontre. N'Golo lève les deux bras en l'air.

– Quelle victoire ! crie-t-il, tandis que les joueurs luttent tous pour reprendre leur souffle.

Même leur entraîneur ne trouve plus ses mots.

– Je n'ai rien à ajouter, déclare-t-il. N'Golo, je pense que désormais, on ferait bien de te laisser la parole avant les matchs !

Chapitre 7

NE RIEN LAISSER AU HASARD

L'année suivante, N'Golo emmène la JS Suresnes vers de nouveaux sommets.

– Tu n'es peut-être pas sous les projecteurs comme les buteurs, mais sans tout le travail que tu abats en milieu de terrain, on n'en serait pas là aujourd'hui, lui confie fièrement Piotr en passant son bras autour du cou de N'Golo tandis qu'ils marchent côte à côte vers les vestiaires après le dernier match de la saison.

– Merci, coach, répond N'Golo.

Ça fait toujours plaisir de recevoir ce genre de compliments, mais il ne sait pas trop quoi dire de plus. Le plus important, c'est que l'équipe gagne. Au final, c'est ce qui le rend le plus heureux.

– Profite bien de tes vacances d'été, mais ne te repose pas trop sur tes lauriers.

N'Golo s'arrête et jette un regard interrogateur à son entraîneur.

– Comment ça ?

Piotr marque une pause, puis il ajoute :

– Tu es un super joueur. Je ne connais pas une équipe dans le championnat qui ne rêve pas de te compter parmi ses effectifs. Mais on peut et on doit toujours progresser. Aussi, pendant l'été, réfléchis à ce que tu pourrais améliorer pour devenir un milieu de terrain encore plus complet.

– Gagner quelques centimètres par exemple ! plaisante N'Golo.

– Je pensais à quelque chose qui dépende un peu plus de ta volonté ! répond Piotr. J'ai remarqué que tu utilises tout le temps ton pied droit – pour les passes, les tirs, les dribbles. Tu serais encore plus à l'aise si tu pouvais te servir également du gauche. Commence par des gestes simples et vois jusqu'où tu peux aller.

N'Golo acquiesce. L'entraîneur a raison. Il a tendance à toujours jouer du pied droit, surtout sous la pression.

– Je sais comment occuper mon été, annonce-t-il le soir même au dîner.

– N'oublie pas tes devoirs, lui répond sa maman.

– Oh oui, c'est vrai, rétorque rapidement N'Golo.

En sortant de table, il prend un cône orange qu'il a trouvé lors d'une de ses sorties matinales. Il l'utilise souvent comme poteau de but, et il compte bien s'en servir pour s'entraîner. N'Golo le nettoie rapidement avant de le glisser dans son cartable, avec un ballon que Piotr lui a offert.

Le lendemain, en rentrant de l'école, N'Golo dévie de sa route habituelle pour aller dans un parc. Là-bas, il sait qu'il sera tranquille. Il pose le plot sur l'herbe et recule de vingt pas en comptant à voix haute. Il place le ballon sur son pied gauche et frappe, en visant le milieu du cône. Sa première tentative manque de puissance et le ballon s'arrête à mi-course. À vouloir être trop précis, N'Golo s'est complètement loupé, mais heureusement, personne n'est là pour le voir. Au deuxième essai, il rate de peu sa cible. Finalement, le troisième fait mouche.

– Oui, trop bien ! crie-t-il.

Certains enfants se seraient contentés de toucher le plot deux ou trois fois sur dix, mais N'Golo est plus ambitieux que cela.

– Si je souhaite devenir footballeur professionnel, je dois m'améliorer, confie-t-il à ses amis ce matin-là. Je vous promets que d'ici la fin de l'été, vous ne saurez plus dire quel est mon pied fort.

Tous commencent à rigoler. Pas parce qu'ils ne le croient pas, mais parce qu'ils savent qu'il va y arriver.

Alors que la nuit tombe dans le parc, N'Golo poursuit inlassablement sa quête du dix sur dix. Il touche huit fois le plot, puis huit encore, puis neuf, et laisse échapper un cri de frustration quand son dixième tir passe juste à côté. Finalement, à force de persévérance, c'est gagné : il réussit une série parfaite et pour fêter ça, il sprinte sur la pelouse comme s'il avait marqué le but décisif pendant la Coupe du monde. Après un seul après-midi, il se sent déjà un peu plus à l'aise avec son pied gauche.

Lors du stage de présaison, Piotr a le sourire en regardant le « nouveau N'Golo ». Il a travaillé dur pendant l'été et ça se voit. À la fin de l'entraînement, N'Golo se retrouve à l'entrée de la surface de réparation. Sans réfléchir, il frappe du pied gauche le ballon qui file en direction du but et termine sa course au fond des filets.

Buuuuuuuuuuuuuuuuuuuuuuuuuuuuuuuuuuuuuu uuuuuuuuuuuuuuuuuuuut !!!

N'Golo se tourne alors vers Piotr sur le bord du terrain et lui adresse un clin d'œil.

– Un tel engagement chez un jeune joueur, c'est vraiment rare, lance l'entraîneur aux membres du staff tandis qu'ils se rassemblent pour faire le point. Je lui ai simplement indiqué un axe d'amélioration et il a passé tout son été à corriger le tir.

Et ça n'est qu'une des nombreuses façons dont Piotr pousse N'Golo à progresser continuellement. Un après-midi, après une défaite où toute l'équipe a été dominée par des adversaires plus grands et plus forts, une nouvelle occasion se présente à l'entraîneur de stimuler son joueur vedette.

– C'était difficile aujourd'hui. On était meilleur qu'eux, mais ils étaient toujours les premiers sur le ballon.

N'Golo acquiesce, les yeux rivés sur le sol.

– Tu vas rencontrer d'autres milieux de terrain de ce gabarit. Tu es solide sur tes appuis, mais tu dois encore améliorer ton jeu de tête. Même si tu n'es pas grand, tes jambes sont suffisamment puissantes pour que tu puisses rivaliser avec eux.

En quelques mots à peine, Piotr a fixé un nouvel objectif à N'Golo. Celui-ci sait comment il va s'exercer, mais pour cela, il aura besoin d'aide. Après de longues négociations, un de ses frères finit par accepter de lui filer un coup de main. Il va devoir ramasser la balle à chaque tir et la renvoyer en hauteur pour que N'Golo puisse la frapper de la tête. En échange, N'Golo devra s'occuper de ses tâches ménagères !

Au début, le résultat n'est pas vraiment convaincant. Mais bientôt, il synchronise mieux ses sauts et oriente le ballon dans les directions voulues. Ses jambes lui font mal, mais il ne l'arrête pas pour autant.

– Je te remercie, je dois progresser dans tous les domaines si je veux que des recruteurs s'intéressent à moi, confie-t-il à son frère sur le chemin du retour. La plupart d'entre eux vont penser que je ne suis pas assez grand, mais il en suffit d'un pour que je réalise mon rêve.

– J'étais crevé rien qu'à te regarder faire tous ces efforts, lui répond son frère en riant. Tu as un don et j'irai dire deux mots au premier qui osera te trouver trop petit pour devenir une superstar.

Chapitre 8

JOUER COMME DIARRA

Lorsque N'Golo a rejoint la JS Suresnes, il se demandait à quel poste il allait bien pouvoir jouer. Très vite, il s'est imposé comme milieu central. Ce rôle correspond bien à son style très dynamique et tout en puissance, inspiré de sa superstar préférée : Lassana Diarra.

La première fois qu'il a vu Diarra à la télévision, c'était à l'anniversaire d'un ami. Ce jour-là, les garçons s'étaient rassemblés dans le salon pour regarder un match du championnat de France, et Diarra était particulièrement en forme. Officiellement, il joue en tant que milieu défensif au Havre, mais en réalité, il est partout, multipliant les courses aux quatre coins du terrain.

– Il me fait penser à toi, chuchote un de ses amis à N'Golo, en lui donnant un léger coup de coude dans les côtes. Il n'arrête pas de bouger !

N'Golo sourit. Il est du même avis.

– Peut-être que j'ai une chance après tout, répond-il. Il n'a pas l'air si grand, lui non plus.

Et au moment où il prononce ces mots, Diarra effectue un tacle glissé pour récupérer la balle avant de l'envoyer vers un coéquipier démarqué. Quelques-uns de ses amis partent jouer à la console, mais N'Golo ne parvient pas à décoller son regard de l'écran.

Désormais, tout le monde voudrait être une star des Bleus comme Thierry Henry et Zidane. N'Golo, lui, s'imagine à la place de son héros.

– Diarra récupère un nouveau ballon ! crie-t-il en interceptant une passe, commentant ses propres faits et gestes. Il s'élance, tire et, oh... juste à côté.

Un peu plus tard dans la semaine, alors que N'Golo et ses amis installent les poteaux de but, pour s'entraîner, l'un d'eux lance :

– Aujourd'hui, je suis Diarra.

– Moi aussi, ajoute un autre.

– Même pas en rêve, les gars ! leur lance N'Golo en nouant ses lacets de chaussures. Vous n'êtes pas des vrais fans, alors arrêtez de faire semblant.

En relevant la tête, N'Golo s'aperçoit qu'ils sont tous en train de glousser. Ils l'ont bien eu !

– C'est ça, moquez-vous, lâche-t-il en souriant. Mais au fond, je sais que vous rêveriez tous d'être Diarra.

Le jour de l'anniversaire de N'Golo, sa maman dépose les cadeaux sur la table avec un petit gâteau. Tout doit être parfait pour son garçon. Elle ajoute une grande enveloppe, qu'elle a trouvée sous la porte plus tôt dans la semaine en rentrant du travail. Le nom de N'Golo est griffonné dessus, mais comme aucun expéditeur n'est mentionné, elle n'a aucune idée d'où elle provient.

Le matin, N'Golo se dirige, encore à moitié endormi, vers la cuisine et sursaute en entendant sa famille crier en chœur : « Joyeux anniversaire ! » Une fois la surprise passée, il met son petit chapeau pointu coloré et commence à lorgner le gâteau au chocolat, son préféré.

Mais avant de le goûter, il s'empare de la grande enveloppe dont il observe l'écriture au recto. Elle ne ressemble à celle d'aucun membre de son entourage. De qui cette lettre peut-elle bien venir ? Il décachette le pli, glisse la main à l'intérieur tout en balayant la pièce du regard, mais personne ne semble savoir ce que c'est.

C'est une affiche ! Il la déplie et bondit instantanément sur sa chaise.

– Waouh ! crie-t-il.

C'est un poster de Lassana Diarra.

– Je dois vite le mettre au mur !

Il file dans sa chambre, en quête de l'endroit parfait où l'accrocher. Le reste de la famille le suit et, depuis la porte d'entrée, l'observe décrocher un diplôme juste au-dessus de son lit pour le remplacer par son idole.

– Tu sais d'où ça vient ? demande-t-il soudain en se tournant vers sa mère. Il n'y a pas de mot ni de carte dans l'enveloppe.

– Aucune idée, lui répond-elle. Je l'ai trouvée un après-midi en rentrant. Mais presque tout le monde dans le quartier sait que Diarra est ton joueur préféré. Cela pourrait être n'importe quel voisin, ou quelqu'un de ton école. En tout cas, bonne chance pour le découvrir !

Année après année, l'affiche restera accrochée au mur. Quant à N'Golo, il continue de suivre les matchs de son idole et de copier sa façon de passer, dribbler et tacler. Et il va en avoir besoin, car cette saison, les entraîneurs de la JS Suresnes ont décidé de le faire jouer dans la catégorie d'âge supérieure.

– Pas de panique, glisse-t-il en voyant l'inquiétude dans les yeux de sa mère. Si Diarra s'en sort, pourquoi pas moi ? Il est petit lui aussi.

– Mais tu es deux fois plus petit qu'eux ! gémit-elle. Je ne comprends pas pourquoi tu irais te mesurer à eux...

– C'est pour m'aider à progresser plus vite. Je me débrouille très bien chez les moins de quinze ans, mais j'apprendrai beaucoup plus avec les moins de dix-huit ans. Je ne serai peut-être pas titulaire à chaque match, mais ce sera forcément une expérience enrichissante.

Sa maman n'est pas du même avis, mais elle a confiance en N'Golo pour prendre la bonne décision.

– Si je te vois rentrer à la maison avec des bleus partout, ça va mal se passer, dit-elle en remuant le doigt.

– Ça marche, mais ne t'inquiète pas, conclut N'Golo en souriant. Si le jeu est trop physique, je pourrai toujours me faufiler entre leurs jambes !

Chapitre 9

LE CHOUCHOU DES FANS

– Le voilà ! crie l'un des fans en pointant un doigt dans la direction de N'Golo. Fais-nous un petit signe de la main !

– J'adore ce gamin, ajoute l'homme assis à côté de lui. J'espère juste qu'il ne quittera pas le club de sitôt.

Ce n'est que l'échauffement du troisième match de l'année mais, comme d'habitude, il y a déjà beaucoup de supporters tout autour du terrain. Tous sont venus voir jouer N'Golo.

– Tu es vraiment devenu une star, plaisante Richard, son coéquipier, avec une bourrade sur l'épaule de N'Golo. Je pourrais marquer le but le plus important de la saison qu'ils te serreraient quand même dans leurs bras à la fin de la partie.

– Et c'est reparti…, dit N'Golo en roulant les yeux, un léger sourire au coin des lèvres. Je te signerai un autographe si tu insistes.

N'Golo ne sait plus trop quoi penser de la JS Suresnes. D'un côté, il espère secrètement qu'une plus grande équipe tentera de le recruter, mais d'un autre, il apprécie aussi d'être tout près de chez lui et de pouvoir évoluer avec des gens qu'il connaît depuis longtemps.

L'ascension de N'Golo dans le club est foudroyante. Il devient vite un élément clé du collectif des moins de dix-huit ans, alors qu'il en a tout juste seize et qu'il est à chaque fois, de loin, le plus petit joueur sur le terrain. Mais ce n'est que le début, les adversaires ne se méfient pas encore de lui et, souvent, quand ils comprennent leur erreur, il est déjà trop tard. C'est ce qui se passe aujourd'hui. Dans les premières minutes du match, alors qu'il vient de remporter un duel de la tête, N'Golo entend un défenseur crier à un des grands gabarits de l'équipe :

– Non mais tu as vu sa taille ? Vous devriez gagner tous les ballons en milieu de terrain !

– T'inquiète, je m'en occupe, lui répond son coéquipier, féroce.

N'Golo ne peut s'empêcher de sourire.

– Oh oh…, murmure Frédéric en passant à côté de lui. Ils sont au courant qu'en général, il vaut mieux éviter de te provoquer dès le début du match ?

Et en effet, tout au long des quatre-vingts minutes qui suivent, N'Golo mène la vie dure à son vis-à-vis. Chaque fois qu'il intercepte une de ses passes ou qu'il lui vole le ballon sur une touche, il sent la colère monter chez son adversaire.

– Ah, mais allez ! crie-t-il alors que N'Golo vient encore de lui prendre le ballon sur une remise en jeu.

Non content de gâcher la journée de ce garçon, N'Golo est aussi à l'origine du but victorieux. Sur un dégagement, il est le premier à atteindre la balle. Il la contrôle de la poitrine et, après avoir évalué ses différentes options, il part en dribble pour offrir une passe parfaite à Rami, le meilleur tireur de l'équipe. Rami efface son défenseur, puis le gardien, avant de pousser le ballon au fond des filets. Il glisse sur les genoux près de la ligne de touche pour célébrer son but, avant de se retourner vers N'Golo.

– Merci pour le cadeau, mec !

Après le coup de sifflet final, pendant que N'Golo enlève ses protège-tibias, le défenseur adverse qui ne l'a pas lâché du match s'approche pour lui serrer la main et lui adresser quelques mots.

– Tu as super bien joué aujourd'hui. Je me sens un peu bête de t'avoir jugé simplement sur ta taille. Ça me servira de leçon.

N'Golo hausse les épaules et sourit.

– Je te remercie. Mais je te rassure, tu n'es pas le premier à le penser – et je parie que tu ne seras pas le dernier.

Alors qu'ils sortent ensemble du terrain, le public se masse autour de N'Golo pour l'acclamer et le féliciter avec chaleur.

– Une très grande partie pour un tout petit homme! lui lance une femme, qui porte une écharpe jaune et bleue, aux couleurs de l'équipe.

– Kanté! Kanté! Kanté! chante un groupe d'adolescents à peine plus âgés que lui.

De retour dans le vestiaire, les joueurs de la JS Suresnes montent le volume de la sono et commencent à refaire le match.

– Belle victoire, les gars. J'avais peur que tu le rates, Rami !

– Moi aussi, mon pote, j'avais trop la pression !

– N'Golo, qu'est-ce que tu disais à la grande asperge tout à l'heure ? Tu t'es excusé de l'avoir ridiculisé tout au long de la partie ?

N'Golo sourit et hausse les épaules. Il n'est pas du genre à se moquer des gens et à parler fort comme certains de ses coéquipiers. Pendant les matchs, il fait juste son boulot : gagner la bataille du milieu de terrain.

Tandis qu'il s'éloigne du stade, Frédéric le hèle depuis l'autre bout du parking.

– Bien joué aujourd'hui, mon pote ! Tu as besoin d'un chauffeur pour te rendre à l'arrêt de bus ?

– Ce n'est pas de refus, je suis courbaturé de partout.

– Les mecs en face étaient plutôt arrogants au début de la partie, glisse Frédéric en souriant. Mais bizarrement, en seconde période, on ne les entendait plus trop.

N'Golo rit.

– Oui, je crois que c'était l'un de nos meilleurs matchs de la saison. Et puis il n'y a rien de plus agréable que de faire taire les critiques.

Après que Frédéric a déposé N'Golo et repris sa route, il ne peut s'empêcher de penser : *Ce n'est encore qu'un gamin timide, mais lorsqu'il est sur le terrain, il se transforme en un véritable bouledogue.*

CHAPITRE 10

ATTENDRE, ENCORE ATTENDRE

Si N'Golo aime gagner des matchs avec la JS Suresnes, l'heure est peut-être venue pour lui de relever un nouveau défi. Tout au long de son parcours, il s'est toujours efforcé de s'élever au niveau des garçons plus âgés que lui. Mais désormais, c'est devenu un peu trop facile pour lui. Malheureusement, personne ne semble croire en son potentiel...

– Tu peux les ajouter à la pile, peste N'Golo un matin en entrant dans la cuisine et en jetant deux lettres sur le plan de travail. Rennes et Lorient ont eux aussi refusé de me faire passer des tests.

Il monte dans sa chambre et s'assoit sur le bord de son lit. Immédiatement, les larmes se mettent à couler le long de ses joues. *Ce n'est pas juste,* se dit-il. *Qu'est-ce que je peux faire de plus ?*

Sa mère laisse quelques minutes à N'Golo pour se calmer. Elle sait qu'il finit toujours par voir le positif, même dans les moments difficiles. Très vite, il réapparaît dans la cuisine et elle en profite pour le serrer très fort dans ses bras.

– Sois patient, mon garçon. La bonne équipe est là, quelque part, elle ne t'a simplement pas encore trouvé.

– Mais les gens n'arrêtent pas de me répéter que mes chances de passer professionnel sont minimes. Comment peux-tu en être aussi sûre ?

– Parce que je te connais et je crois en toi, lui répond-elle.

– J'aimerais que les recruteurs se concentrent un peu plus sur ce que je sais faire plutôt que sur ce qu'ils imaginent que je ne peux pas faire.

Le principal problème de N'Golo est encore et toujours sa taille. Les clubs les plus prestigieux ne cherchent pas de profil comme le sien, peu importe qu'il soit vaillant sur le terrain. Ils ne veulent que des joueurs grands et puissants.

C'est difficile de rester assis là et d'attendre. Deux de ses partenaires viennent d'intégrer des équipes de Ligue 2 après avoir attiré l'attention des recruteurs, mais apparemment, aucun ne s'intéresse à N'Golo, même lorsqu'il les approche directement pour faire des essais.

– Et si personne ne me donne jamais ma chance ? demande-t-il à sa maman plus tard dans la même semaine, alors que les doutes ne cessent de s'accumuler dans son esprit. Je sais que j'ai tout ce qu'il faut pour jouer à plus haut niveau, et je suis au moins aussi bon que les garçons qui obtiennent des contrats. Je ne comprends pas pourquoi ils y arrivent et moi pas !

– Tout ce que tu peux faire, N'Golo, c'est te servir de cette rage comme d'une motivation supplémentaire pour continuer à t'améliorer. Fais en sorte que les recruteurs ne puissent plus hésiter un seul instant en te voyant sur le terrain. Ils recherchent peut-être un certain type de gabarit, mais montre-leur que tu as autre chose à leur proposer.

C'est avec cet état d'esprit que N'Golo aborde la fin de la saison. Quand ses partenaires commencent à tirer la langue, il serre les dents et continue de courir. Il multiplie les duels, les tacles, et saute toujours le plus haut possible pour récupérer des ballons de la tête. Il ne laisse personne le bousculer. Même face à une équipe du haut du tableau, N'Golo est le meilleur joueur sur le terrain.

Ce jour-là, lorsque le coup de sifflet final retentit, la JS Suresnes mène 3-1, mais N'Golo ne célèbre pas sa victoire outre mesure, il se contente d'aller se rafraîchir sur la ligne de touche. Pourquoi faire la fête ? Il ne fait que son travail.

– La plupart des grands athlètes sont arrivés au sommet de leur discipline grâce à la motivation dont ils ont fait preuve face aux obstacles qui se dressaient sur leur route, lui explique Piotr en voyant le regard triste de N'Golo. Garde la tête haute et ne ménage pas tes efforts, ça finira par payer !

Les autres membres du staff ne savent plus trop quoi lui dire. Il est indéniablement le meilleur joueur du club, mais il semble si abattu. Les rejets successifs commencent à peser sur son mental.

N'Golo survole la saison et permet à la JS Suresnes, non seulement de dominer son championnat, mais aussi de rivaliser en coupe avec certaines des équipes les plus prestigieuses de la région. Il fait vraiment tout ce qu'il peut pour attirer l'attention des recruteurs.

– Je veux bien l'aider à trouver un nouveau club juste pour que nous n'ayons plus à jouer contre lui, confie l'entraîneur d'une équipe adverse à Piotr lors d'un dîner de remise des prix en fin de saison.

Il ne plaisante qu'à moitié.

CHAPITRE 11

LA RÉVÉLATION À BOULOGNE

N'Golo garde encore l'espoir de percer au niveau professionnel, mais il a maintenant dix-neuf ans et il se dit qu'il est temps pour lui de commencer à réfléchir à d'autres options au cas où personne ne souhaiterait le recruter. Jusqu'au jour où il reçoit un appel qui va changer sa vie.

Un jeudi soir, alors qu'il lit un livre dans sa chambre, le téléphone se met à sonner. Sa maman décroche. Après quelques secondes, elle l'appelle :

– N'Golo, c'est pour toi !

Ça doit être un de ses camarades qui veut lui poser une question sur un cours, ou lui proposer de sortir ce week-end.

– C'est qui ? murmure-t-il à sa mère.

– Piotr. Il dit que c'est important.

N'Golo se fige. Piotr l'appelle rarement à la maison.

– Salut !

– Bonjour N'Golo. Désolé de te déranger aussi tard, mais cela ne pouvait pas attendre samedi. Jean-Pierre Perrinelle, le président du club, a parlé avec Boulogne et… ils veulent te recruter.

Le temps de digérer la nouvelle, N'Golo pose la main sur le combiné pour prendre une profonde inspiration. Le seul mot qui lui vient à l'esprit est *Waouh.*

– C'est peut-être ta chance ! Ils ne souhaitent pas s'engager sur le long terme, mais ils sont prêts à te faire confiance.

– C'est dingue ! Mais, que… quoi… comment ça marche ? Est-ce que je me contente de me présenter là-bas ?

– Ne t'inquiète pas, un membre de leur staff va m'envoyer tous les détails, explique Piotr. Passe me voir samedi, je te donnerai plus d'informations et je suis sûr qu'ils te contacteront directement ensuite.

Pendant ce temps, toute la famille, attirée par l'excitation qu'elle a perçue dans la voix de N'Golo, s'est rassemblée dans l'embrasure de la porte pour essayer de capter des bribes de conversation.

– Alors ? demandent-ils en chœur une fois qu'il a raccroché.

– Je vais signer à Boulogne !

Ils se précipitent tous sur lui pour le serrer très fort dans leurs bras.

– Je suis si heureuse pour toi, lui dit sa mère, le sourire aux lèvres et une larme sur la joue. Mais tu vas vraiment nous manquer !

Boulogne-sur-Mer est à trois heures de route, et N'Golo n'a donc pas d'autre choix que de déménager. Son contact dans son nouveau club l'aide à planifier son voyage. Il lui a trouvé une chambre à proximité du stade en attendant.

L'idée de partir loin de sa famille et de ses amis a quelque chose d'effrayant, mais la perspective de réaliser son rêve est plus forte. Si ses parents ont réussi à quitter le Mali pour la France, il devrait pouvoir s'en sortir. Au moment de préparer ses affaires, il s'efforce de ne prendre que l'essentiel, mais sa valise ne cesse de se remplir.

– Comment tu vas faire pour aller à l'entraînement ? lui demande son frère. Tu vas probablement devoir passer ton permis.

N'Golo y a déjà pensé.

– Je pourrai me rendre au stade à pied les jours de match, répond-il. Et puis j'ai ma trottinette le reste du temps.

Son frère éclate de rire avant de s'apercevoir que N'Golo est sérieux.

– Oh, c'est pas une blague… Tu es certain que tu veux que tes nouveaux coéquipiers te voient arriver à l'entraînement sur ton… « deux-roues » ?

N'Golo hausse les épaules. Il ne s'est jamais vraiment soucié de ce que les autres pensaient de lui.

– Ils seront probablement un peu jaloux, je te l'accorde, mais ils s'en remettront, conclut-il avec un grand sourire.

– Bizarrement, je ne suis pas sûr que ce sera leur première réaction, dit son frère en lui donnant une pichenette.

Une fois sur place, N'Golo comprend que la trottinette n'est peut-être pas le moyen de transport idéal. Comme il déteste être en retard, il quitte l'appartement bien plus tôt que nécessaire pour être sûr d'arriver en avance.

Dans la pente qui mène au stade, il a l'impression que les roulettes de son engin ne vont pas tenir.

Loin de chez lui et de ses habitudes, N'Golo se rend compte qu'il a soudain beaucoup plus de temps libre.

– Pourquoi tu ne cherches pas une formation pour t'occuper ? lui suggère sa maman un soir au téléphone. Je me souviens que tu t'étais inscrit à des cours il y a quelques années, mais tu avais renoncé à cause du foot.

La semaine suivante, N'Golo se procure des brochures dans les écoles et les universités du coin. Finalement, il s'oriente vers la comptabilité. Il a toujours aimé les chiffres. Mais ses coéquipiers de Boulogne ont d'autres idées sur la façon dont il pourrait occuper son temps libre.

– Il y a tellement de fêtes en ville, tu pourrais venir avec nous, lui explique l'un des joueurs les plus âgés.

– Il y a une nouvelle boîte qui vient d'ouvrir, poursuit son voisin. On y va tous les dimanches soir. Allez, te défile pas, accompagne-nous.

Mais la réponse de N'Golo est toujours la même.

– Désolé, les gars, mais ce n'est pas mon style. Amusez-vous bien. Je vous vois tous la semaine prochaine à l'entraînement.

Ses partenaires sont un peu déçus, ça aurait été l'occasion d'apprendre à se connaître, mais ils respectent son choix. Et puis, si rester à l'écart peut lui permettre de continuer à enchaîner les belles performances sur le terrain, ça leur va.

Après une première année en réserve, N'Golo commence à se poser des questions sur son avenir, d'autant que l'équipe première a été reléguée en troisième division... Mais son inquiétude est de courte durée car au début de la saison 2012-2013, il intègre l'effectif pro.

Au mois d'août, tandis qu'il s'échauffe avant d'affronter Luzenac, il prend une profonde inspiration pour faire redescendre la tension. *Si tu es là, c'est que tu l'as mérité,* se dit-il.

Ses partenaires plus âgés s'approchent pour lui donner quelques conseils et l'encourager. Ils ont compris qu'il était un peu stressé.

– Détends-toi, petit, tu vas assurer !

Une fois la partie commencée, c'est un nouveau N'Golo, très concentré, qui tient sa place en milieu de terrain. L'inquiétude l'a complètement quitté. Il couvre sa défense et joue en passes courtes et rapides pour lancer les contre-attaques.

– Bien vu, N'Golo ! s'écrie Georges Tournay, le coach de Boulogne, qui a insisté lors de son discours d'avant-match sur l'importance de jouer simple et de garder le ballon au sol.

Pendant un temps mort suite à la blessure d'un adversaire, Georges appelle N'Golo sur le bord du terrain.

– Si tu vois que la défense est bien en place, n'hésite pas à monter un peu. On centre souvent dans la surface, mais le plus souvent, il n'y a personne à la réception.

N'Golo acquiesce. Il sait que sa priorité est d'assurer le repli et de soutenir ses arrières, mais il s'exerce de plus en plus au tir à l'entraînement.

Dix minutes plus tard, Alexis Allart, l'attaquant vedette de l'équipe, part en dribble sur le côté droit. N'Golo jette un coup d'œil par-dessus son épaule et, voyant que les trois adversaires sont bien en place, se précipite vers l'avant. Alexis se met sur son pied gauche et centre dans la surface. Les deux défenseurs se gênent et ratent leur dégagement, laissant le champ libre à N'Golo.

Il n'en demandait pas tant. Sans hésiter, il tire en direction du petit filet.

Buuuuuuuuuuuuuuuuuuuuuuuuuuuuuuuuut !!!

N'Golo reste figé. Qu'est-ce qu'il est censé faire ? Cela fait des années qu'il n'a pas marqué. Il se précipite vers le drapeau de corner, le poing en l'air, tandis que ses coéquipiers le rejoignent pour le féliciter.

– Bien joué ! lance Alexis en passant son bras autour de l'épaule de N'Golo. Grâce à ton joli tir, tout le monde a oublié mon horrible centre !

Dans les minutes qui suivent, N'Golo retrouve vite sa place et ses automatismes, surgissant aux quatre coins du terrain pour récupérer des ballons ou freiner les attaques de Luzenac.

L'un des adversaires finit même par commettre une faute sur N'Golo pour évacuer sa frustration. C'est difficile de jouer contre quelqu'un qui ne vous laisse jamais de répit, quoi que vous fassiez et où que vous vous trouviez.

Finalement, Boulogne s'impose 1-0. N'Golo est satisfait, d'autant qu'il a marqué le but de la victoire. Tandis qu'il sort du terrain et qu'il remercie les supporters, Alexis le rejoint et lui offre le ballon du match.

– C'est pour toi, champion, dit-il à N'Golo. Tu l'as mérité.

Cette nuit-là, N'Golo passe plusieurs heures au téléphone avec sa mère et le reste de la famille. Ils veulent connaître tous les détails.

– On savait qu'il y avait un buteur qui sommeillait en toi, plaisantent-ils.

N'Golo, qui tient toujours la balle du match sous son bras, rit. Tous ses coéquipiers l'ont signée dans le vestiaire, et il est impatient de lui trouver une place dans son appartement.

Est-ce grâce à son hygiène de vie, à l'équilibre que lui procurent ses études, ou simplement à sa toute nouvelle carrière ? En tout cas, N'Golo s'épanouit à Boulogne.

Pourtant, son expérience tourne court. N'Golo est beaucoup trop bon pour évoluer en troisième division et, sans surprise, de nombreux clubs se pressent désormais pour recruter le milieu de terrain vedette de Boulogne. Les rumeurs vont bon train, mais N'Golo n'a encore reçu aucune confirmation officielle. *On verra le moment venu,* se dit-il pour se rassurer.

Pendant l'été, N'Golo rentre à Paris pour passer du temps avec sa famille et ses amis. Il a besoin de se vider la tête, mais surtout de retrouver les petits plats de sa maman.

Pendant son séjour, il reçoit une proposition du stade Malherbe de Caen, pensionnaire de Ligue 2. Sa mère pousse un cri lorsqu'il lui apprend la bonne nouvelle.

– Ce n'est qu'une étape, lui dit-elle, pleine de confiance. Quand les gens te verront évoluer au plus haut niveau, toutes les plus grandes équipes se bousculeront à ta porte pour te compter dans leur groupe.

CHAPITRE 12

LA MONTÉE EN LIGUE 1 AVEC CAEN

Pendant le stage de présaison, N'Golo sent qu'il y a une ambiance particulière à Caen. Dès les premiers entraînements, il prend conscience de la belle cohésion qui règne au sein du groupe.

– Nous avons la possibilité d'accomplir quelque chose de spécial, cette saison, déclare Franck Dumas, l'un des dirigeants du club.

– On va rester prudents avec les médias, bien sûr, mais je veux qu'en interne, nous ayons des attentes très élevées. Regardez autour de vous, nous avons un effectif très complet et fort de nombreux talents. La montée est un objectif tout à fait réaliste, alors faisons en sorte de l'atteindre.

N'Golo a le sourire. Qu'il est rafraîchissant d'entendre un discours aussi ambitieux !

Franck lui donne une tape sur l'épaule à la fin de la première rencontre.

– On compte sur toi pour être le patron en milieu de terrain. C'est notre atout pour battre certaines équipes qui ont un budget plus élevé que le nôtre. Tu as toutes les qualités pour cela, tu es prêt.

N'Golo fait tout pour rester sérieux et cacher son petit sourire.

– Je ferai de mon mieux, patron, répond-il.

Il ne lui faut pas longtemps pour honorer cette promesse. Pour ses débuts, N'Golo domine le jeu et sa confiance l'accompagne jusqu'au match suivant, contre Laval. Une nouvelle saison, c'est toujours spécial, et il a la chair de poule lorsqu'il entre sur la pelouse avec ses partenaires. Il entend le rugissement de la foule tout autour de lui tandis que l'arbitre conduit les équipes sur le terrain.

N'Golo n'aime pas concéder de buts. Ce qu'il préfère, c'est multiplier les efforts pour revenir dans la partie.

Aussi, lorsque Laval marque en premier, N'Golo secoue la tête de dépit, mais immédiatement, il tape dans ses mains pour se remotiver.

– Allez, c'est parti, se murmure-t-il.

Alors ses partenaires assistent, éberlués, au show N'Golo. Dans les minutes qui suivent, il enchaîne les tacles, remporte tous ses duels face à des joueurs bien plus expérimentés et bien plus grands que lui. Alors qu'il vient de voler un nouveau ballon et d'obtenir un coup franc, Jérôme Rothen et Mathieu Duhamel se précipitent pour l'aider à se relever.

– Continue, le félicite Jérôme. Tu es en train d'emmener toute l'équipe avec toi.

N'Golo a encore bien des tours dans sa manche. Sur un duel que Mathieu gagne de la tête dans le rond central, N'Golo est le premier pour la récupération. Il part en dribble, jusqu'à arriver au contact des défenseurs de Laval, à l'entrée de la surface de réparation.

C'est le moment de tirer. N'Golo prend son temps pour ajuster sa frappe, et bang ! Le ballon file comme une flèche, hors de portée du gardien, et s'enfonce dans les filets.

Buuuuuuuuuuuuuuuuuuuuuuut !!!

– Allez, on y retourne ! crie N'Golo à Jérôme.

Il a déjà l'esprit tourné vers le prochain but.

Mais la route est encore longue. Ce but a entamé la confiance de ses adversaires. C'est le moment pour Caen d'asseoir sa domination, mais les Caennais manquent plusieurs fois le cadre.

– Ça va rentrer, les gars ! crie N'Golo, lui-même surpris par sa propre autorité. (Le petit nouveau serait-il en train de se prendre pour le capitaine ?) On a juste besoin d'une bonne occasion.

À trois minutes de la fin, Livio Nabab évite deux tacles et effectue un centre à ras de terre. N'Golo assiste à la scène depuis la ligne médiane et voit Mathieu se jeter à la réception et pousser le ballon dans le but.

– Oui ! Oui ! crie-t-il en levant le poing. C'est dedans !

C'est le genre de match qui peut faire référence et changer le visage d'une équipe pour la saison entière. N'Golo a l'impression d'avoir gagné bien plus de trois points au vu de l'ambiance qui règne dans le vestiaire.

– Je suis très fier de vous, les garçons, déclare Franck. Les grandes équipes se battent jusqu'à la fin, et c'est exactement ce que vous avez fait aujourd'hui.

Les victoires se succédant, Caen est devenu le centre d'intérêt du football français, et N'Golo commence à lire davantage la presse.

– Ils disent que ça ne va pas durer, confie-t-il un soir à sa sœur. Mais c'est bien, j'aime prouver aux gens qu'ils ont tort !

– J'imagine qu'on va devoir crier très fort pour t'encourager le week-end prochain, lui répond-elle.

– Attends, qu'est-ce que tu veux dire ?

– Que je ne regarderai pas le match à la télévision...

N'Golo est confus.

– Mais que... Comment... ?

– Je serai au stade, imbécile, l'interrompt-elle. Je rends visite à un ami dans les environs et je me suis dit que c'était l'occasion de venir voir mon grand frère en action.

N'Golo rayonne.

– C'est génial ! Je te ferai faire le tour de la ville. Il y a un petit marché trop sympa, tu vas adorer. Et je connais un super café au coin de la rue. Oh, et le parc principal est vraiment cool.

– OK, du calme, l'interrompt sa sœur en riant. Je ne serai là que pour deux jours ! Je me contenterai d'un bon repas et d'avoir de tes nouvelles.

– Ça marche ! dit-il. J'ai hâte de te voir !

Avec sa sœur dans le public, N'Golo donne tout et ses coéquipiers aussi. En avril, la montée est à portée de main. Les Caennais en sont capables.

– On ne peut plus se louper désormais, dit N'Golo à Livio pendant qu'ils se font des passes à l'entraînement.

– Jouer en Ligue 1, ce serait…, hésite Livio, cherchant le mot juste.

– … un rêve devenu réalité, dit Franck en terminant sa phrase. Allez, un match à la fois, les gars. Ne commencez pas à vous imaginer des trucs.

Mais le rêve se rapproche de plus en plus, jusqu'à devenir enfin réalité. Oui, Caen confirme sa montée dans l'élite ! Quel exploit ! Il y a des larmes, des cris de joie, et surtout une énorme fête – si grande que même N'Golo ne peut pas la manquer. Et il le mérite tout autant que les autres, sinon plus. Il a été l'âme du milieu de terrain caennais tout au long de l'année et, logiquement, il était titulaire à chaque match.

« On est en Ligue 1, on est en Ligue 1, on est, on est, on est en Ligue 1 ! », chantent les joueurs dans le vestiaire. La saison prochaine, ils se frotteront à l'élite du football français, et N'Golo est impatient de relever ce nouveau défi.

CHAPITRE 13

DÉPART POUR LEICESTER

La carrière de N'Golo est désormais sur de bons rails, et l'an prochain, il se mesurera aux plus grandes équipes du football français. Pendant l'intersaison, il travaille plus dur que jamais pour être au meilleur de sa forme. Le jour de la reprise, alors qu'il enchaîne les tours de terrain, ses entraîneurs secouent la tête, le sourire aux lèvres. L'un d'eux lui lance :

– Garde un peu d'énergie pour le reste de l'année ! On ne peut pas se permettre de te perdre pour blessure avant même le premier match !

– Désolé, coach, répond N'Golo. Je ne sais jouer qu'à 200 %.

Évoluer en Ligue 1, c'est une sacrée étape, mais Franck est persuadé que son équipe sera à la hauteur.

– Respectez les adversaires, mais pas trop non plus... N'oubliez pas que vous êtes à votre place dans ce championnat. Si on joue bien ensemble, comme la saison dernière, tout se passera bien.

Pour leur premier déplacement en 2014, les Caennais rencontrent Évian, une première confrontation délicate. Sauf pour N'Golo qui est aussi à l'aise que si c'était un match de Ligue 2. Est-ce qu'il lui arrive seulement de manquer d'énergie ? La réponse est non. Tout au long de la partie, il court d'un bout à l'autre du terrain. Il est le premier à assurer le repli défensif, et le premier à partir à l'attaque.

À la douzième minute, l'ailier gauche de Caen, Lenny Nangis, dribble le long de la ligne de touche et centre en direction de Mathieu Duhamel, dans les six mètres d'Évian. Mais au lieu de Mathieu, il trouve... N'Golo !

Comment se fait-il qu'un milieu de terrain soit aussi avancé ? N'Golo ne se pose pas autant de questions. D'un plat du pied sans contrôle, il trompe la vigilance du gardien qui n'a même pas le temps d'esquisser un geste.

Buuuuuuuuuuuuuuuuuuuuuuuuuuut !!!

1-0 ! N'Golo a le sourire. Il lève le poing bien haut, c'est un joli but. Très vite, il revient en courant vers la ligne médiane. La fête est finie, mais ses coéquipiers ne sont pas de cet avis. Florian Raspentino se précipite vers lui.

– Hop, hop, hop, par ici ! lui dit-il en le prenant dans ses bras.

– Où est-ce que tu es allé chercher un tel coup de génie ? renchérit Mathieu en le soulevant dans les airs.

Le match se termine sur le score de 3-0 pour Caen. Quel début de saison tonitruant pour les Caennais, et surtout pour leur mini-merveille de milieu de terrain ! N'Golo est ravi de ses premiers pas en Ligue 1 ; cette soirée, il ne l'oubliera jamais.

Trop petit ? Pas assez puissant ? Tu parles ! Cela fait du bien de faire à nouveau taire les critiques, même s'il est vrai que N'Golo a dû apporter quelques ajustements à son jeu. Les pros ne se laissent pas prendre à ses combines habituelles – comme donner quelques mètres à un milieu de terrain adverse pour inciter un défenseur à lui faire la passe et bondir au dernier moment pour l'intercepter.

Franck s'était demandé si N'Golo aurait plus de mal contre des joueurs plus techniques, plus costauds et plus forts, mais ce soir, à sa grande surprise, le joueur a remporté tous ses duels. Il est toujours au bon endroit au bon moment.

Au final, Caen réussit une bonne première saison en Ligue 1, terminant confortablement à la treizième place. N'Golo pense déjà à l'année prochaine. Il réfléchit à ce que l'équipe pourrait améliorer pour gagner plus de matchs. Mais un jour, son agent, Rachid Saadna, l'appelle pour lui annoncer une nouvelle étonnante.

– N'Golo, je viens d'avoir les dirigeants caennais au téléphone, et apparemment, plusieurs clubs de Premier League te suivent. L'un d'entre eux aurait formulé une offre.

N'Golo reste silencieux pendant un long moment. Il aime le football anglais, mais jusqu'ici, il n'avait jamais vraiment réfléchi à quitter la France.

– Tu crois que Caen va accepter la proposition ? demande-t-il finalement à voix basse.

– Difficile à dire. Ils savent que leurs chances de se maintenir en Ligue 1 la saison prochaine seront beaucoup plus faibles s'ils te vendent. Mais ils doivent aussi équilibrer leur budget et prendre les bonnes décisions pour l'avenir du club. Je pense que pour le moment, c'est du 50/50 au sein du comité directeur.

N'Golo fait les cent pas dans son appartement, les questions se bousculent dans sa tête. Il met un peu de musique, mais ça ne le détend pas beaucoup. Il allume la télévision à la recherche d'un match de football, mais ne trouve que du tennis. En désespoir de cause, il s'allonge sur son canapé et ferme les yeux.

Pendant ce temps, à près de trois cents kilomètres de là, Steve Walsh, le responsable du recrutement de Leicester City, tente d'organiser une conférence téléphonique avec les principaux décideurs. Il suit N'Golo depuis des années, depuis Boulogne très exactement. Et il est devenu son plus grand fan.

– C'est le moment d'agir, explique Walsh. Les autres clubs commencent à s'intéresser à N'Golo. Il n'y a plus une minute à perdre. Ce garçon, c'est une véritable pépite. C'est un travailleur de l'ombre, mais c'est grâce à ce type de joueur que les matchs se gagnent. Et puis, il a tellement d'énergie qu'il compte double sur le terrain.

Notre équipe pourrait vraiment faire la différence si on le recrutait pour la saison prochaine.

– Mais il n'a évolué qu'une année dans l'élite, répond un dirigeant d'une voix hésitante. Est-ce qu'on ne devrait pas se tourner vers des profils plus expérimentés, dans des niveaux de prix similaires ?

– Je pense que c'est un pari qui vaut la peine d'être fait, déclare un autre. S'il est seulement moitié aussi bon que ce que tu nous dis, c'est une véritable affaire.

Finalement, après une heure de discussion, ils tombent d'accord. Walsh raccroche et compose un nouveau numéro.

Cette nuit-là, N'Golo reçoit un appel. Après avoir attendu impatiemment des nouvelles toute la journée et avoir téléphoné quatre fois à son agent, il avait fini par s'endormir.

– Salut, Rachid. Alors, raconte ? dit-il d'une voix ensommeillée.

Rachid rit.

– Je pensais que tu serais en train de faire les cent pas en attendant mon appel, mais j'ai l'impression de te sortir du lit.

N'Golo s'éclaircit la voix pour cacher sa gêne.

– Euh, non, non, j'essayais juste de me détendre.

– Eh bien, tu seras heureux d'apprendre que Caen a accepté l'offre de Leicester. Fais tes valises, tu pars jouer en Premier League !

Le cœur de N'Golo se met soudain à battre plus vite. C'est une nouvelle très excitante, mais l'idée de déménager encore – et qui plus est, dans un nouveau pays – est un peu intimidante.

– C'est pas vrai ! C'est sûr ?

– Oui, monsieur. C'est une affaire qui roule.

– Attends, ils n'ont pas été relégués, hein ? Aux dernières nouvelles, ils étaient tout en bas du classement.

Rachid rit à nouveau.

– Pour une fois, je suis plus à jour que toi ! Ils ont été sauvés in extremis.

– Je te testais, voilà tout, dit malicieusement N'Golo. Je n'arrive pas à croire que je vais jouer à Old Trafford et Anfield la saison prochaine ! Pour moi, c'étaient des stades que je ne verrais qu'à la télévision. Ça va être une super année, je le sens hyper bien. Mais attends, il faut que je prévienne ma famille avant qu'elle ne l'apprenne autrement. Si tu es dans le coin demain, rejoins-nous, on célébrera ça tous ensemble.

– Je te remercie, mais j'ai beaucoup de paperasse à faire pour que tu ne manques de rien une fois arrivé là-bas. Commence la fête sans moi, et encore bravo, N'Golo. Mon instinct me dit que ce transfert va réellement lancer ta carrière au plus haut niveau.

CHAPITRE 14

LES INCROYABLES (PARTIE 1)

À la fin de sa première séance d'entraînement, Claudio Ranieri, le manager de Leicester, quitte le stade avec un grand sourire. Pourtant, son équipe fait partie des favoris pour la relégation. Les parieurs sont catégoriques : ses chances de remporter le titre de Premier League sont de 5000 contre 1 !

Enfin, après tout, pourquoi pas ? Tout est possible. N'Golo est encore nouveau dans le club, mais il a immédiatement apprécié l'attitude positive de Claudio.

– Vous connaissez l'histoire, explique lentement Claudio. Les grandes équipes se battent pour les six premières places, et les autres, nous, nous partageons les miettes. Cela me convient. J'aime être outsider. Au moins, personne ne nous verra venir.

Claudio a accompagné sa dernière phrase d'une mimique de vieux renard sournois. Tous les joueurs ont éclaté de rire.

– Mais plus sérieusement, nous avons tous les ingrédients nécessaires pour bouleverser le classement. Nous avons des atouts en défense, nous avons un effectif solide, et de bons buteurs. Alors montrons-leur de quoi nous sommes capables.

Toute l'équipe applaudit très fort, et immédiatement, Jamie Vardy se tourne vers N'Golo et Riyad Mahrez.

– Il a raison, leur dit-il. On a un super groupe. Si on démarre du bon pied, rien ne pourra nous arrêter.

N'Golo débute la saison sur le banc, mais cela ne le dérange pas. Il sait qu'il va devoir gagner sa place dans le onze de départ. Il ne s'en doute pas encore, mais Ranieri a déjà décidé que N'Golo serait au cœur de son milieu de terrain. Il a beau être le plus petit joueur à l'entraînement, il est aussi celui qui a la meilleure lecture du jeu.

– Il détruit mentalement ses adversaires à la manière dont il détruit toutes leurs attaques, explique Ranieri à l'un de ses assistants. À un moment, il tacle un arrière sur le côté droit, et la seconde suivante, il tente une ouverture sur l'aile gauche. Il est incroyable !

Lors du quatrième match, face à Bournemouth, N'Golo est titulaire. La musique résonne dans tout le stade, les fans applaudissent – et on n'en est qu'à l'échauffement. N'Golo ajuste ses protège-tibias, puis jette un regard à l'horloge du vestiaire pour vérifier combien de minutes il va encore devoir attendre.

Il s'en faut de peu pour que les premiers pas de N'Golo en Premier League ne se soldent pas par une défaite, mais heureusement, Jamie égalise sur penalty dans les dernières minutes. 1-1. Ce n'est pas ce que Leicester espérait, mais N'Golo aime l'état d'esprit et le jeu que propose son équipe.

Il ne lui reste plus qu'à faire ses preuves. La déroute 5-2 contre Arsenal en septembre a été dure à avaler, mais dans l'ensemble, N'Golo commence à prendre ses marques en Premier League. Match après match, il s'habitue au rythme et au style rugueux du football anglais. Il réussit toujours plus de tacles et d'interceptions et, avec son partenaire Danny Drinkwater, il remporte de plus en plus de duels en milieu de terrain. Il ne lui reste plus qu'à inscrire son premier but pour Leicester.

À domicile, contre Watford, les « Foxes[1] » luttent pour trouver l'ouverture. À la cinquantième minute, le ballon arrive sur N'Golo à l'entrée de la surface de réparation.

– Tire ! crient les supporters de Leicester.

Non, prends ton temps, se dit N'Golo. Il contrôle le ballon, puis feinte un premier et un second défenseur, avant de pouvoir armer sa frappe.

– Bon, maintenant, c'est à moi de jouer ! murmure-t-il.

Son tir n'est probablement pas le plus puissant de l'année, mais il file entre les jambes d'Heurelho Gomes, le gardien de Watford.

Buuuuuuuuuuuuuuuuuuuuuuuuuuuuuuuuuut !!!

1-0 ! Ce n'est pas le plus beau des buts, mais qu'importe. N'Golo vient de marquer pour la première fois en Premier League, et surtout, il donne l'avantage à Leicester.

– Bien joué, mon pote ! lancent ses coéquipiers en le serrant dans leurs bras.

1. *Surnom des joueurs de l'équipe de Leicester.*

Ils aiment tous leur infatigable nouveau milieu de terrain. N'Golo est un héros, maintenant, c'est officiel.

Leicester l'emporte finalement 2-1, ce qui propulse l'équipe à la troisième place du classement. La semaine suivante, elle prend la tête après une victoire 3-0 à Newcastle. Waouh, à ce rythme, elle va finir par gagner le championnat… Ce qui était impossible en début de saison paraît à portée de main.

Leicester City 1-1 Manchester United

Swansea City 0-3 Leicester City

Leicester City 2-1 Chelsea

Everton 2-3 Leicester City

Avec les victoires qui s'accumulent, les gens se mettent à y croire. Beaucoup pensent que les joueurs vont finir par s'essouffler et retomber dans le ventre mou du classement, mais N'Golo et ses coéquipiers sont déterminés à faire mentir les statistiques. Ensemble, ils sont « Les Incroyables ».

CHAPITRE 15

LES INCROYABLES (PARTIE 2)

Au début du mois de février, les Foxes sont toujours en haut du tableau. Aussi fou que cela puisse paraître, les Incroyables semblent avoir renversé la donne et convainquent de plus en plus de personnes.

« Je suis sûr qu'ils peuvent le faire. »

« Leicester, champion d'Angleterre ? Après tout, pourquoi pas ? »

Manchester City est désormais leur principal rival dans la course en tête. Tottenham et Arsenal les suivent de près.

– C'est aujourd'hui que ça se joue, confie N'Golo à Riyad en montant dans le bus pour rejoindre l'Etihad Stadium, où ils affronteront Manchester City. Si on les bat cet après-midi, rien ne pourra plus nous arrêter. Ce sera la preuve qu'on peut prétendre au titre.

– Moi, ce que j'aime, c'est la manière dont Claudio aborde ces matchs. On joue pour gagner, pas pour essayer de ne pas perdre, poursuit Riyad, qui est au meilleur de sa forme. On peut vraiment leur faire mal en contre-attaque. Reste à museler Sergio Agüero, David Silva, Yaya Touré et les autres. Facile !

Tous les deux se mettent à rire. L'équipe adverse du jour a des superstars à chaque poste. Mais N'Golo et Riyad ont beau craindre les grandes équipes, ça ne les empêche pas de se donner à fond.

En entrant sur la pelouse, N'Golo regarde droit devant lui. Il ne prête pas attention aux joueurs à côté de lui. Son sourire habituel a disparu. Il est tout entier concentré sur son match. Comme le lui a dit Claudio en sortant du vestiaire : « C'est ta chance, ne la laisse pas passer. Joue à ton rythme et les autres suivront. »

Après seulement trois minutes, le rêve est en marche. Sur un coup franc venu de la droite, Robert Huth devance son adversaire et envoie le ballon au fond des filets. 1-0 !

Maintenant, Leicester doit tenir. N'Golo sait qu'il ne suffira pas de montrer les muscles en milieu du terrain. Les « Citizens[1] » sont trop bons et trop malins. Il doit être plus intelligent que cela. La première des choses est de conserver le ballon. N'Golo redescend donc très bas récupérer la balle avant de la faire circuler d'une aile à l'autre.

Quand City a la possession, N'Golo ne lâche pas un instant Silva, tout en gardant un œil sur Agüero dans la profondeur. Par deux fois, le buteur mancunien manque de les surprendre par ses appels incessants dans le dos de la défense. Le plan de jeu de Leicester est simple : empêcher City d'approcher de la surface de réparation et contre-attaquer en nombre.

Au début de la seconde période, Wes Morgan intercepte une passe un peu molle. Immédiatement, N'Golo se projette sur le côté gauche et réclame le ballon à Wes à grands signes.

Après l'avoir reçu, il pénètre dans la moitié de terrain adverse et glisse la balle à Riyad. L'attaquant des Foxes élimine un défenseur d'un superbe crochet et, d'une frappe enchaînée, trompe le gardien. 2-0 !

---

1. *Surnom des joueurs de Manchester City.*

Le stade entier est devenu silencieux. On n'entend plus que les joueurs de Leicester et N'Golo, qui se précipite pour féliciter son ami.

– Quel but ! crie-t-il en sautant sur le dos de Riyad. Maintenant qu'on a fait le break, on ne doit pas les laisser revenir dans la partie.

Sur la ligne de touche, Claudio a le sourire. *C'est ça, Leicester. Désormais, ils ont leur destin en main.*

– City va devoir se découvrir s'ils veulent recoller au score, dit-il à son assistant. Cela ne fera que nous ouvrir encore plus d'espaces pour contre-attaquer.

Il a raison. Chaque fois que City perd le ballon, N'Golo a l'impression que Leicester pourrait marquer. Sur un corner, alors qu'il se replie pour permettre à Wes Morgan et Robert Huth de monter, il suit le ballon du regard. Robert est le premier à réagir. Il saute plus haut que tout le monde et, d'une tête parfaitement ajustée, lobe le gardien. 3-0 !

Les Incroyables sont vraiment... incroyables ! Maintenant, les joueurs de Leicester peuvent se lâcher.

– Est-ce que tu n'essaierais pas de me piquer ma place ? plaisante Jamie Vardy en félicitant le buteur.

Les fans de Leicester se déchaînent dans les tribunes, et N'Golo les encourage à applaudir encore plus fort.

City réduit le score quelques minutes plus tard, mais les Foxes ne paniquent pas. Au coup de sifflet final, N'Golo et ses coéquipiers laissent exploser leur joie. Aucun d'entre eux ne veut quitter le terrain après une telle performance.

– Je crois qu'après un match comme celui-ci, on ne pourra plus dire que nous ne sommes pas de sérieux prétendants au titre ! lance N'Golo à Jamie et à Riyad. On est toujours en tête de classement et on peut vraiment commencer à rêver.

– Il reste encore beaucoup de chemin à parcourir, leur rappelle Claudio une fois que l'euphorie est un peu retombée. Nous avons fait un grand pas en avant et je suis très fier de vous en tant qu'entraîneur. Mais gardez à l'esprit que nous avons treize matchs à jouer et que rien n'est fait.

La semaine suivante, l'ambiance n'est plus du tout la même dans le vestiaire des Foxes. Leicester s'est incliné face à Arsenal 2-1 après avoir mené 1-0. Soudain, la course au titre est à nouveau ouverte – et les journaux en profitent pour critiquer Leicester. N'Golo décide donc d'éteindre son téléphone et de ne plus allumer la télévision pour rester concentré sur sa fin de saison.

– Rien n'a changé depuis la dernière fois. Nous sommes toujours en bonne place, leur dit Claudio avec calme pendant un rassemblement. On savait qu'il y aurait des obstacles sur la route, mais maintenant, il faut réagir.

Autour de lui, N'Golo ne voit aucune peur dans le regard de ses coéquipiers. Leicester manque d'expérience dans la course au titre, mais les Foxes sont en confiance. Lorsque ses frères lui ont demandé la veille comment il faisait pour dormir avec autant de pression, N'Golo a balayé leurs inquiétudes.

– Tout va bien se passer. Comptez sur moi !

Et comme Claudio l'a annoncé, Leicester reprend sa marche en avant. À chaque rencontre, l'écart est des plus petits : 1-0. Lorsque les Foxes sont en difficulté, Jamie et Riyad parviennent toujours à inscrire le but de la victoire.

– Tu me facilites drôlement la vie, tu sais, glisse le défenseur Wes Morgan à N'Golo pendant l'échauffement. Tu es une véritable muraille à toi tout seul en milieu de terrain.

À l'approche de la dernière ligne droite, N'Golo ne peut s'empêcher d'avoir les yeux collés au classement.

Et puis les supporters ne manquent pas une occasion de lui rappeler qu'ils comptent sur lui. Tout le monde ne parle plus que de la finale !

À deux jours de la fin, Tottenham, deuxième, affronte Chelsea. Jamie Vardy a invité N'Golo et ses partenaires à regarder le match chez lui. Si Tottenham perd, Leicester sera couronné champion de Premier League. Toute l'équipe est entassée autour de la télévision. Chacun espère que Chelsea réussira à accrocher Tottenham. Hélas, l'équipe est menée 2-0 à l'issue de la première mi-temps.

– Bon, eh bien, je crois que vous allez tous pouvoir rentrer chez vous, plaisante Jamie en faisant semblant de raccompagner ses invités vers la porte.

Mais Chelsea ne lâche rien – les joueurs réduisent même le score, ce qui promet une fin de match stressante.

– Allez Chelsea, vous pouvez le faire ! crie N'Golo.

À sept minutes de la fin, son vœu est entendu. Le ballon file jusqu'à Eden Hazard et, en un clin d'œil, l'attaquant belge trouve le chemin des filets.

– Oui ! hurle N'Golo. Dans moins de dix minutes, on sera peut-être champions !

Le jeune homme a le sourire, mais très vite, il regarde les secondes s'écouler lentement au tableau d'affichage.

– Allez l'arbitre, c'est fini, là ! crie-t-il en direction de l'écran.

Et quelques secondes plus tard, au coup de sifflet final, Leicester est sacré champion d'Angleterre.

– On l'a fait, on l'a *vraiment* fait ! lance Kasper.

Tous les joueurs se mettent à danser en cercle avant de se plonger dans leurs téléphones pour partager la nouvelle avec leur famille et leurs amis.

– Je n'arrive toujours pas à y croire ! confie Danny à N'Golo pendant qu'ils se congratulent. Super saison, mon pote ! Tu as été incroyable du début à la fin.

Ce n'est que quelques minutes plus tard qu'une pensée surgit dans l'esprit de N'Golo.

– Mais attendez, ça veut dire qu'on va jouer la Ligue des champions l'année prochaine, dit-il à ses partenaires.

Tout le monde lève son verre à cette bonne nouvelle.

Sur le chemin du retour, N'Golo s'arrête un instant pour regarder le ciel. Les étoiles scintillent partout. *Champions de Premier League,* se dit-il avec un sourire. *Je crois que je ne pouvais pas rêver mieux.*

CHAPITRE 16

LA VIE EN BLEU

N'Golo était tellement concentré sur la course au titre en Premier League qu'il en a presque oublié que l'Euro 2016 se jouait à la fin de la saison. Lorsque son téléphone sonne ce jour-là, il sort tout juste de l'entraînement. Il a failli manquer l'appel.

– Allô ? dit-il, à bout de souffle.

– Salut, N'Golo, c'est Didier.

Didier Deschamps, le sélectionneur de l'équipe de France ! N'Golo tente de ne pas montrer sa surprise.

– Salut Didier, désolé, j'ai dû cavaler pour décrocher à temps.

Didier se met à rire.

– C'est bien ce que je pensais. Tu fais vraiment toujours tout en courant, et à 100 % ! Je ne te retiens pas longtemps. Je voulais juste te confirmer officiellement que tu fais partie du groupe pour l'Euro 2016.

N'Golo sent un immense sourire s'élargir sur son visage.

– J'ai apprécié la facilité avec laquelle tu t'étais intégré dans l'effectif et j'ai hâte qu'on se retrouve cet été pour continuer à avancer, poursuit Didier. Je vais annoncer la liste plus tard dans la journée lors d'une conférence de presse, donc pour l'instant, garde cela pour toi.

Sa carrière internationale aura été fulgurante. N'Golo se souvient encore très bien de l'appel de Didier, début 2016, pour sa première convocation en équipe de France. C'était une double confrontation amicale contre les Pays-Bas et la Russie. N'Golo s'était mis à danser tout seul dans sa cuisine ce matin-là, avant de se demander s'il avait le niveau pour se mesurer aux meilleurs joueurs du monde.

Mais l'inquiétude avait été de courte durée. Une fois l'émerveillement des premières minutes passé, N'Golo avait été irréprochable. Ce qu'il avait ressenti au moment d'entrer sur la pelouse contre les Pays-Bas, ça avait déjà été incroyable. Mais le plus fou, ça avait été de remplacer Lassana Diarra, le héros de son enfance.

– Bonne chance, mec, lui avait glissé Lassana pendant qu'ils se croisaient sur le bord du terrain. C'est le premier d'une longue liste de matchs que tu vas jouer avec les Bleus.

N'Golo a encore la chair de poule quand il repense à ce moment. Il doit maintenant passer à l'étape suivante : remporter l'Euro 2016 à domicile. Le soir, il appelle sa mère pour la prévenir, mais elle est déjà au courant.

– C'est une chance unique, lui dit-elle avec un mélange de fierté et d'enthousiasme. Tout le monde ne va parler que de ça dans les semaines qui viennent.

Le niveau d'excitation de N'Golo monte encore d'un cran lorsque Didier annonce la composition de l'équipe de départ pour le match d'ouverture contre la Roumanie au Stade de France. N'Golo jouera milieu central à côté de Paul Pogba. Didier a été très clair dans les vestiaires : c'est une nouvelle ère qui s'ouvre pour le football français, mais pour N'Golo, rien n'est fait. Il va devoir se battre s'il veut conserver sa place.

La veille de la rencontre, il met ses écouteurs et s'allonge sur le lit. Il ne peut rien faire de plus pour se préparer – ils ont passé tous les détails en revue pendant les séances vidéo –, alors il essaie de penser à autre chose et de se détendre. Deux de ses frères seront sur place demain pour l'encourager, et le reste de la famille regardera le match à la maison.

N'Golo se lève tôt et suit sa routine habituelle. Il a de bonnes sensations pendant l'échauffement et fait quelques allers-retours avec Paul. Plus tard, alors que les hymnes retentissent dans le Stade de France et que le pays entier attend nerveusement le coup d'envoi, N'Golo voit tout ce bleu dans les tribunes, partout autour de lui à l'exception du virage roumain. Le match n'a même pas commencé et l'ambiance est déjà électrique.

Entre N'Golo qui multiplie les interventions et Dimitri Payet à la manœuvre, les Français ont de nombreuses occasions. À quelques minutes de la fin, le score est de 1-1. Sentant que les milieux de terrain roumains sont à bout de souffle, N'Golo s'avance un peu plus pour soutenir l'attaque. Il s'arrête aux abords de la surface, prêt à revenir en défense en cas de besoin. Balle au pied, il lève la tête pour voir si l'un de ses partenaires est libre.

Olivier est pris, mais Dimitri fait un bon appel. N'Golo lui glisse la balle et ce dernier s'en empare avant de placer un tir imparable dans la lucarne. 2-1 pour la France ! Le stade explose dans un mélange de joie et de soulagement.

– Quelle frappe ! crie N'Golo en félicitant Dimitri.

De retour dans le vestiaire, Didier demande un peu de silence à ses joueurs.

– Vous avez fait preuve de courage et de volonté. Nous allons en avoir besoin à chaque rencontre si nous voulons aller jusqu'au bout. Mais on doit être plus efficaces face aux buts. Aujourd'hui, on aurait facilement pu gagner 5-1 avec toutes les occasions nettes que nous nous sommes procurées.

Mais l'histoire se répète contre l'Albanie, lors du deuxième match de la phase de groupe. La France contrôle la possession de balle, N'Golo nourrit les milieux offensifs, mais malgré vingt et un tirs, il faut attendre les buts tardifs d'Antoine Griezmann et de Dimitri Payet pour que les Bleus l'emportent.

– On joue bien jusqu'aux abords de la surface, dit N'Golo à son frère ce soir-là. Mais contre les meilleures équipes, on aura très peu d'occasions. On ne peut pas les gaspiller comme on l'a fait sur les deux premières rencontres.

Didier laisse N'Golo au repos pour le dernier match, la qualification étant déjà acquise. La France termine première de son groupe, mais le plus dur reste à venir.

Les Bleus se compliquent même la tâche dès les premières minutes de leur huitième de finale. Ils sont menés 1-0 face à l'Irlande, après une faute de Paul dans la surface.

– Eh, on se ressaisit, les gars ! lance N'Golo à ses coéquipiers.

Les Irlandais passent en défense totale et Didier décide de remplacer N'Golo pour renforcer son secteur offensif. Le jeune homme encourage ses partenaires depuis le banc de touche, et il explose de joie sur le doublé d'Antoine qui permet à la France de se qualifier.

« Allez les Bleus ! Allez les Bleus ! »

En quarts de finale, la France affronte l'Islande. Difficile de ne pas penser (même quelques secondes) à ce que ce serait de remporter la finale à domicile devant tous les supporters. N'Golo se souvient encore de la finale de la Coupe du monde en 1998, qu'il avait suivie avec son père. Quelle soirée !

Mais il oublie un détail important : il est suspendu pour le match car il a reçu un carton jaune en poule, et un autre face à l'Irlande. N'Golo regarde donc ses coéquipiers partir à l'assaut de la défense islandaise. Il les applaudit et les encourage. Mais il sait aussi que Didier voudra certainement conserver le même onze de départ pour la prochaine rencontre, même si N'Golo est de nouveau disponible.

En demi-finale contre l'Allemagne, N'Golo entre pour renforcer le milieu de terrain en seconde période, et les Français s'imposent 2-0. Lors de la finale, il commence à nouveau sur le banc. Le match se solde par une douloureuse défaite 1-0, en prolongation contre le Portugal. *Si seulement j'avais été là*, se dit-il à lui-même.

N'Golo est déçu de ne pas avoir plus joué pendant la phase éliminatoire. Mais il s'est fait un point d'honneur à ne jamais le laisser transparaître et à toujours soutenir ses coéquipiers.

– Tu as le bon état d'esprit, confie Didier à N'Golo, après avoir vu comment il a réagi à sa non-sélection.

Je sais que c'est dur à accepter, mais tu t'es comporté en professionnel.

Pourtant, N'Golo ne peut pas s'empêcher de se demander quelle aurait été l'issue s'il avait joué. Bien sûr, sa famille a un avis très tranché sur les choix du sélectionneur.

– Je ne comprends pas sa décision, lui dit l'un de ses frères. Tu dois aligner la meilleure équipe en finale !

– C'est gentil, mais je pense que tu n'es pas très objectif ! l'interrompt N'Golo, avant que son frère ne se lance dans une autre longue démonstration pour prouver que la France l'aurait emporté si N'Golo avait joué.

– En tout cas, si Deschamps veut gagner la Coupe du monde dans deux ans, moi, je sais ce qu'il doit faire..., conclut son frère, bien décidé à avoir le dernier mot. Tu dois être titulaire à chaque fois. Point.

CHAPITRE 17

TRANSFERT À CHELSEA

Alors que Leicester se prépare pour la saison 2016-2017, une question plane au-dessus du club comme un grand nuage noir : N'Golo sera-t-il de retour pour une année supplémentaire avec les Foxes?

Leur milieu de terrain vedette vaut désormais trois ou quatre fois plus que les 9 millions d'euros que Leicester avait payés l'été dernier. Quel bel investissement! Aujourd'hui, les dirigeants du club reçoivent quotidiennement des offres de leurs concurrents. L'une d'elles se détache des autres. Chelsea est prêt à mettre 35 millions d'euros pour avoir la superstar française dans son équipe.

N'Golo aime Leicester – la ville, le club, ses supporters. Il lui doit énormément, et bien que rester dans ce club lui permettrait de jouer en Ligue des champions, il sait qu'un nouveau défi l'attend du côté de Stamford Bridge.

Chelsea est en train de constituer une équipe sous la direction d'Antonio Conte pour reconquérir le titre en Premier League. N'Golo est la pièce maîtresse de ce puzzle, ainsi que le talentueux Eden Hazard et l'expérimenté César Azpilicueta. Dès les premiers contacts, N'Golo s'est très bien entendu avec ses nouveaux partenaires.

– Viens voir ça ! crie, hilare, Eden à César avant le premier match de présaison.

César s'approche sans trop savoir pourquoi Eden paraît si excité et amusé.

– Je pensais qu'il plaisantait à propos de sa voiture, mais c'est vrai ! poursuit Eden en mettant sa main en visière sur son front.

César l'imite et, en effet, à quelques mètres de là sur le parking, il aperçoit N'Golo garer précautionneusement un tout petit véhicule qui contraste avec les bolides présents tout autour. En sortant, il leur fait un signe pour les saluer.

– Alors, comment vous la trouvez ? lance-t-il avec un léger sourire. Je sais que tu aimes les voitures de sport,

Eden, mais ça ne me ressemble pas. La mienne est petite et puissante, comme moi !

Il a conclu sa phrase en montrant ses muscles, mais Eden et César sont morts de rire.

– Tu as raison, convient Eden. Il n'y a vraiment que toi qui puisses assumer de rouler là-dedans.

– Est-ce qu'il y a au moins de la place pour ton sac ? le taquine César.

N'Golo lève les yeux au ciel.

– Aaah, ne commencez pas, hein !

N'Golo a fait la connaissance de certains de ses nouveaux coéquipiers pendant l'été, mais aujourd'hui, c'est sa première séance avec tout l'effectif. Il est quand même un peu stressé. Peu importe son palmarès, il espère qu'il aura toujours cette appréhension. C'est ce qui lui permet de garder les pieds sur terre.

– J'ai hâte de m'y mettre, confie N'Golo à César qui le guide jusqu'aux vestiaires. Mais je risque de me perdre au début, c'est tellement grand ici !

Il tente de mémoriser les principaux couloirs du bâtiment sur les murs desquels sont affichées les photos des légendes de Chelsea, mais César avance vite.

– C'est là, dit finalement César en pointant un doigt sur sa gauche.

C'est toujours un moment difficile pour N'Golo. Il peut supporter la pression de jouer contre des superstars dans des stades remplis, mais pénétrer dans une salle pleine d'inconnus, c'est un vrai défi pour lui. Il prend donc une grande inspiration pour faire redescendre son rythme cardiaque avant de suivre César et d'entrer.

Cela s'avère plus facile que ce qu'il avait prévu. Après quelques poignées de main, il trouve son casier et il commence à ranger ses affaires. Son équipement, avec le numéro 7 sur le maillot et le short, l'attend sur une étagère. Le staff de Chelsea a tout fait pour qu'il se sente chez lui en arrivant.

En regardant autour de lui, N'Golo retrouve toutes les têtes qu'il a déjà affrontées avec Leicester. Il est l'un d'entre eux désormais. Il y a quand même quelques francophones dans l'équipe, et il engage vite la conversation avec Eden Hazard et Thibaut Courtois, le gardien.

– Je crois qu'on a un nouveau membre du club des Français, lance Willian qui les a repérés du coin de l'œil.

Eden éclate de rire.

– N'Golo était justement en train de nous faire remarquer ton absence totale de style. Tu t'habilles dans le noir quand tu te lèves, le matin ?

N'Golo s'agite et tricote nerveusement avec ses doigts pour faire comprendre à Willian qu'Eden invente toute cette histoire.

Les joueurs se rassemblent ensuite dans l'une des grandes salles de réunion. Antonio arrive à pas rapides comme s'il était en retard à un rendez-vous et se lance immédiatement dans un long discours sur ses objectifs pour la nouvelle saison. Il est exactement comme N'Golo l'imaginait : énergique, passionné et déterminé à remporter le titre, même s'ils ne sont pas forcément favoris.

– Les garçons, on va vivre une belle année tous ensemble, leur dit-il. J'en suis persuadé. Mais tout commence avec ce stage de présaison. Je veux que ce groupe soit comme une grande famille. Et comme dans la plupart des familles, on ne sera peut-être pas toujours d'accord sur tout, mais tout ira bien si on reste honnêtes les uns avec les autres.

Les joueurs l'écoutent attentivement. Après une fin de saison difficile sous l'ère Mourinho, ce genre de discours galvanisant pourrait bien donner un coup de fouet à Chelsea. N'Golo espère que le club sera dans la course pour le titre.

– Antonio est un vrai compétiteur, conclut César pendant que les joueurs se rendent à la cafétéria pour déjeuner. Je pense qu'on va tous prendre beaucoup de plaisir à travailler avec lui. Faites juste attention à rester dans ses petits papiers. Je ne voudrais pas le voir en colère !

N'Golo sourit. Il préfère garder ses réflexions pour lui, surtout dans un contexte comme aujourd'hui, où il ne connaît pas encore tout le monde. Il se contente de se rappeler les mots de son frère : « Laisse parler ton football. »

La première séance d'entraînement défile à toute vitesse, N'Golo est déterminé à faire une bonne première impression. Il se met en binôme avec Eden pour les exercices de passe et de tête. Il est surpris et admiratif de l'aisance technique de son partenaire.

– C'est comme si la balle était collée à ton pied, le félicite-t-il.

– C'est drôle que tu dises ça, répond Eden. Pour moi, c'est vraiment la partie facile, ça. C'est ce que tu fais, toi – intercepter, tacler et couvrir tout le milieu de terrain –, qui me paraît difficile.

– C'est du boulot, oui, mais quelqu'un doit le faire, ajoute N'Golo en souriant. Et puis une fois que j'ai récupéré la balle, je te la transmets, et c'est toi qui récoltes tous les lauriers, ce n'est pas juste !

– Ça me va très bien ! dit Eden, en riant, avant de lever le ballon bien haut et de l'amortir ensuite avec sa nuque.

N'Golo aime fréquenter de grands joueurs, ça l'incite à tenter de nouvelles choses. Plus tard, pendant qu'ils sont tous rassemblés en cercle pour un « toro », N'Golo essaie un geste un peu fantaisiste. Il transmet le ballon nonchalamment de l'extérieur du pied à Willian, avant d'enchaîner avec une passe lobée par-dessus les deux défenseurs en direction de César.

– On dirait que toi aussi, tu as quelques tours dans ta manche ! lui lance Eden avec un sourire complice.

Mais c'est dans les matchs à cinq contre cinq que N'Golo brille vraiment.

– C'est comme s'il avait systématiquement un temps d'avance sur tout le monde, confie Antonio à l'un de ses assistants. Il a déjà anticipé l'interception alors que le ballon n'a toujours pas quitté le pied de César. Avec N'Golo pour couvrir notre défense, on ne devrait pas encaisser beaucoup de buts cette saison.

Et comme l'a prédit Antonio, N'Golo récupère le ballon, puis se précipite vers la cage adverse et marque d'un plat du pied.

– C'est à cause de lui que Leicester était si difficile à battre l'an dernier, ajoute Antonio. Il est sur tous les ballons !

CHAPITRE 18

CHAMPION DE PREMIER LEAGUE

Antonio est très exigeant avec ses joueurs, mais il se comporte de telle manière qu'ils sont prêts à tout donner pour lui. N'Golo a immédiatement su qu'il avait trouvé un manager qui allait s'adapter à son propre style de jeu. Ses stratégies sont préparées jusque dans les moindres détails et ses discours d'avant-match sont légendaires.

Mais N'Golo a également vu très tôt que ce n'était pas une bonne idée de se mettre son nouvel entraîneur à dos. Fin septembre, alors que l'équipe est menée 3-0 à la mi-temps contre Arsenal, Antonio fait irruption dans les vestiaires.

– C'est in-ac-cep-table ! crie-t-il en claquant la porte. Ils courent plus que nous, ils sont plus agressifs et ils se sont même moqués de nous. Si vous voulez vraiment devenir champions, vous allez devoir changer d'attitude.

Le message est clair. Maintenant, c'est à l'équipe de jouer.

– On doit se ressaisir, pour le coach et pour les supporters. On leur doit bien ça, dit N'Golo à Eden pendant qu'ils déjeunent à la cafétéria. Heureusement, on est en septembre. On peut encore rattraper nos erreurs.

Dans les jours qui suivent, Antonio poursuit ses changements tactiques.

– On va rester sur un 3-4-3. C'est la formation qui a le mieux fonctionné en seconde mi-temps contre Arsenal. Cela devrait nous donner plus de stabilité à l'arrière, et d'ouvertures sur les ailes. L'inconvénient, c'est que tu vas devoir courir encore plus en milieu de terrain, conclut-il en se tournant vers N'Golo.

N'Golo sourit et hausse les épaules.

– Ça me va, tant que c'est pour le bien de l'équipe.

En un rien de temps, N'Golo sent la confiance revenir dans le groupe. Il retrouve l'état d'esprit qu'il avait connu à Leicester. Le nouveau système de jeu y est pour beaucoup, tout comme leur milieu de terrain.

N'Golo est nommé homme du match lors de la victoire 3-0 contre Leicester, son ancien club, puis, la semaine suivante, il inscrit son premier but avec Chelsea, lors du 4-0 infligé à Manchester United. Le joueur déboule dans la surface après une passe habile de Pedro, efface Chris Smalling d'un joli crochet avant de tromper David de Gea d'une frappe croisée au ras du sol.

Buuuuuuuuuuuuuuuuuuuuuuuuuut !!!

– Mec, tes dribbles sont presque aussi élégants que les miens, lui lance Eden en le félicitant.

Bientôt, Chelsea remonte jusqu'au sommet du classement et enchaîne une septième victoire d'affilée en championnat en battant Tottenham 2-1.

– On marche sur l'eau en ce moment ! glisse N'Golo à César en sortant du terrain.

Le prochain match fait figure de test pour les « Blues[1] ». N'Golo retrouve Manchester City. Si Chelsea veut faire la course en tête, il faudra gagner contre les Citizens. Les premiers signaux ne sont pas très encourageants. City conserve bien le ballon et Chelsea est à la

1. *Surnom des joueurs de Chelsea.*

peine. L'équipe concède même à Manchester un premier but marqué contre son camp par Gary Cahill, juste avant la mi-temps. Mais Antonio reste confiant.

– On manque de chance, mais patience, notre heure viendra.

En seconde période, City rate le doublé, et N'Golo se dit que le vent est peut-être en train de tourner. Sur une longue transversale pour Diego Costa, l'attaquant des Blues se débarrasse de son défenseur et égalise : 1-1 !

– Allez les gars, on lâche rien ! crie N'Golo en sautant dans les bras de ses partenaires. Quelle passe ! On a beaucoup plus de jambes qu'eux, donc on continue à leur mettre la pression.

Quelques minutes plus tard, nouvelle contre-attaque qui aboutit cette fois sur Willian. Celui-ci conclut d'une frappe dans le petit filet. 2-1. Dans les tout derniers instants, Eden ajoute la touche finale. Quelle victoire ! N'Golo vient taper dans la main d'Antonio. C'est clairement le match de référence à l'extérieur pour les Blues.

À partir de là, Chelsea a toute la confiance nécessaire pour aborder la seconde partie de saison. Les joueurs étendent leur série de succès à treize matchs consécutifs et ils n'encaissent que quatre buts sur cette période.

– Continue de te donner à 100 % au milieu de terrain, dit Antonio après une séance d'entraînement particulièrement éprouvante. Qu'est-ce qu'on ferait sans toi pour couvrir la défense ?

Malgré quelques rencontres plus difficiles que d'autres, N'Golo et ses coéquipiers maintiennent le cap et terminent la saison en tête du championnat. Lors du tour d'honneur, N'Golo salue les supporters de Chelsea. Pour la deuxième année consécutive, il soulève le trophée de la Premier League.

Il est également nommé « joueur de l'année » par l'Association des footballeurs professionnels (PFA), et « footballeur de l'année » par la Football Writers' Association, pour son rôle déterminant dans la conquête du titre par Chelsea. Tandis qu'il reçoit son prix, un journaliste lui demande en plaisantant :

– Avec quelle équipe allez-vous gagner le championnat, la saison prochaine ?

N'Golo sourit.

– Chelsea, bien sûr ! Je suis un vrai Blues maintenant.

CHAPITRE 19

WEMBLEY : LE TEMPLE DU FOOTBALL ANGLAIS

Remporter la Premier League lors de la saison 2016-2017 n'avait pas été de tout repos, mais ce n'était rien comparé à la défense du titre. Chelsea termine péniblement à la cinquième place du classement avec un bilan décevant de dix défaites. Il n'y aura donc pas de Ligue des champions l'année prochaine, et la pression s'accroît sur Antonio. Mais la finale de la FA Cup offre aux Blues une dernière chance de clore la saison sur une bonne note.

– Écoutez, les choses ne se sont pas déroulées comme nous l'aurions voulu cette année, déclare Antonio avec sa franchise habituelle, quelques minutes avant le coup d'envoi, dans le vestiaire du stade de Wembley. Mais oublions tout cela l'espace de quatre-vingt-dix minutes. Nous avons une finale à jouer et il ne reste plus que nous et Manchester United. Un match, c'est tout. Alors, gagnons-le et terminons l'année avec un trophée.

– Ouais, allez les gars ! crient tous les joueurs à l'unisson.

N'Golo est motivé comme jamais. Il se lève et tape dans la main de César.

– Je la sens bien, cette finale, lâche-t-il. La FA Cup est pour nous cette année.

César sourit.

– Tu n'avais pas déjà dit ça l'année dernière, avant qu'on s'incline contre Arsenal ?

N'Golo rit.

– Peut-être. Mais cette fois, ça ne se passera pas comme ça. Je refuse de perdre une seconde finale d'affilée.

Il remonte ses chaussettes, et rejoint le reste de l'équipe dans le tunnel qui mène au terrain. Même après tous les grands matchs auxquels il a participé les deux saisons précédentes, il ressent toujours cette appréhension avant d'entrer sur la pelouse.

Mais comme souvent, l'inquiétude disparaît après le coup d'envoi. Et puis, ce n'est pas le travail qui manque : Alexis Sánchez et Marcus Rashford ne se laissent pas faire et ils multiplient les courses dans tous les sens. Sur une sortie en touche, N'Golo s'arrête quelques secondes en passant devant Cesc Fàbregas.

– Si tu vois Eden isolé en un contre un face à Phil Jones, donne-lui la balle, lui conseille-t-il. Il n'a plus de jus et ça fait deux fois qu'Eden le dribble facilement.

Cesc acquiesce et, deux minutes plus tard, il fait une passe dans le dos de la défense de United. Eden comprend en un clin d'œil, et se lance dans l'espace avec Jones sur les talons. Mais au moment de tirer, le défenseur mancunien le tacle par-derrière ! Penalty, et carton jaune !

N'Golo se tourne vers Cesc et lui adresse un sourire complice. L'Espagnol lui répond en levant le pouce. Pour Eden, tirer un penalty, c'est une formalité. 1-0 !

À la mi-temps, Antonio rayonne. N'Golo ne l'a jamais vu aussi heureux de toute la saison.

– C'était une belle première période, dit-il en marchant d'un bout à l'autre de la pièce. Économisez vos forces et ne commettez pas d'erreurs stupides. On a une main sur le trophée, ce n'est pas le moment de tout gâcher.

N'Golo a fort à faire en début de seconde mi-temps. Les joueurs de United sont remontés à bloc et tentent le tout pour le tout pour revenir au score, mais N'Golo est sur tous les ballons, et il n'hésite pas à écarter Cesc pour s'imposer sur une balle en hauteur.

Le chronomètre défile, et sur un jaillissement, N'Golo prend les Mancuniens de vitesse. Son premier instinct est de trouver une passe rapide, mais il décide de poursuivre sa course. Arrivé à l'entrée de la surface de réparation, il fixe le défenseur de Marcos Alonso, et libère la balle sur son partenaire, à sa droite. Malheureusement, sa frappe file directement sur le gardien.

– Mince, c'est pas de chance ! crie N'Golo, regrettant de ne pas avoir tiré au but.

Heureusement, cela n'a pas de conséquences, car l'arbitre siffle la fin du match et Chelsea remporte la FA Cup pour la première fois ! N'Golo monte à la tribune de Wembley avec ses partenaires pour recevoir sa médaille, comme il l'a souvent vu à la télévision.

C'est au capitaine, Gary Cahill, que revient l'honneur de soulever le trophée, sous une pluie de confettis bleus et blancs.

Plus tard sur le terrain, N'Golo retrouve Antonio pour une longue accolade. Difficile de prédire de quoi leur avenir sera fait.

– Quoi qu'il arrive, ce fut un véritable honneur de jouer pour vous, lui glisse N'Golo.

Antonio regarde son milieu vedette avec un air triste.

– Non, tout le plaisir était pour moi, dit-il en tapotant N'Golo dans le dos avant de quitter la pelouse.

CHAPITRE 20

SUR LE TOIT DU MONDE

À peine le temps de souffler après son succès en FA Cup, et N'Golo doit déjà se préparer pour son prochain défi : la Coupe du monde 2018. Lorsque l'équipe de France débarque en Russie, le souvenir de son échec à l'Euro 2016 est encore frais dans les esprits.

– Rien n'est fait, les gars, ne prenez rien pour acquis, explique Paul Pogba à ses partenaires. On fait partie des favoris, c'est vrai, mais rien de tout cela n'a d'importance. Ce qui compte, c'est d'être productifs sur le terrain.

N'Golo acquiesce d'un signe de tête. Il se sent fatigué. Comme nombre de ses coéquipiers, il sort d'une longue saison avec son club, mais l'heure n'est pas aux jérémiades. Après quelques matchs de ping-pong pour les uns, et de Fifa sur console pour les autres, les joueurs sont à nouveau prêts à se lancer dans la compétition.

La France se trouve dans le groupe C avec le Danemark, l'Australie et le Pérou. Comme le leur rappelle le sélectionneur, il n'y a jamais de match facile et il faut redoubler de prudence. Alors que N'Golo est assis dans sa chambre d'hôtel, à la veille de leur première rencontre contre l'Australie, il prend conscience de la chance qu'il a. Il va jouer la Coupe du monde !

On frappe à la porte. C'est Kylian Mbappé.

– Tu n'arrives pas à trouver le sommeil, toi non plus, lui lance-t-il.

Kylian secoue la tête.

– Je n'arrête pas de penser au match de demain. Mon cerveau tourne à plein régime. Je suis à la fois excité, nerveux, fatigué. Si tu as une idée pour m'aider à dormir, je suis preneur, sauf s'il s'agit de compter les moutons.

N'Golo rit.

– Ah mince, c'était justement ce que j'allais te conseiller ! Tu as essayé d'écouter de la musique relaxante ? Ça te permettrait de te détendre.

– Pourquoi pas ? Après tout, j'ai déjà tout tenté, répond Kylian. Et toi, pourquoi est-ce que tu es encore debout ?

– Un peu comme toi, pour être tout à fait honnête. Je sais que dans quelques heures, tout va s'enchaîner à une vitesse folle, alors je me recentre sur le moment présent pour être bien dans mes baskets quand la pression augmentera d'un ou deux crans.

Le lendemain, les joueurs restent silencieux sur le trajet qui les conduit au stade. N'Golo regarde par la fenêtre du bus qui tente de se frayer un chemin à travers la circulation. Sur place, il aperçoit quelques drapeaux français au milieu de la foule des supporters. En pénétrant dans le vestiaire, il s'arrête un instant devant le troisième casier en partant de la gauche, sur lequel est suspendu un maillot « Kanté ». Il prend une photo pour immortaliser ce moment avant de se changer et de se préparer pour l'échauffement. Et lorsque les Bleus entrent enfin sur la pelouse, ils sont accueillis par un tonnerre d'applaudissements et d'encouragements.

– C'est maintenant que ça commence, murmure N'Golo pour lui-même.

Il échange quelques ballons avec Paul et Kylian en attendant le coup d'envoi.

Les Français réalisent une première période tout à fait oubliable. Heureusement, ils se ressaisissent en seconde mi-temps et obtiennent un penalty qu'Antoine Griezmann réussit. 1-0 ! Dans la foulée, les Australiens égalisent. N'Golo se prend la tête à deux mains. Ce n'est pas comme ça qu'il voulait que les Bleus entament le tournoi, cela lui rappelle trop leurs débuts hésitants lors de l'Euro 2016. Mais grâce à Paul Pogba, les Français l'emportent 2-1 !

Au fil des matchs, N'Golo prend de plus en plus confiance et la France termine à la première place du groupe C, grâce à une victoire 1-0 sur le Pérou et un nul 0-0 contre le Danemark.

– C'est maintenant que la compétition commence ! lance N'Golo à Paul pendant le déjeuner. On a réussi à se qualifier en jouant avec le frein à main, mais ça ne suffira pas contre les grandes équipes.

Il ne croit pas si bien dire. Face à l'Argentine, les Bleus sont menés 2-1, au début de la seconde période. Les supporters retiennent leur souffle, les Français doivent réagir !

– Du calme ! conseille N'Golo à Raphaël Varane, après une relance complètement ratée. On a le temps de revenir au score, inutile de se précipiter.

Sur le bord du terrain, Didier Deschamps, le sélectionneur, demande à ses arrières de jouer plus haut dans les couloirs.

– Et toi, N'Golo, si tu les vois monter, tu redescends pour les couvrir, OK ?

Et ça marche ! Les Bleus jouent mieux. N'Golo garde un œil sur Lionel Messi, pendant que Benjamin Pavard et Lucas Hernandez viennent prêter main-forte aux attaquants. Par deux fois, Benjamin se précipite vers l'arrière pour accompagner le repli défensif, mais N'Golo l'arrête d'un geste.

– Ne t'inquiète pas, je suis là !

La minute suivante, sur un centre de Lucas Hernandez, Benjamin Pavard reprend le ballon de volée de l'extérieur du pied à l'entrée de la surface de réparation. Un coup de canon qui termine dans la lucarne du portier argentin. 2-2. Grâce à ce but, les Bleus gagnent en assurance et Kylian marque deux fois en quatre minutes. Les Français s'imposent 4-2. Quel match !

– Quand vous jouez comme vous l'avez fait en seconde période, personne ne peut vous arrêter ! les félicite Didier en les applaudissant. On a inscrit quatre buts, mais on aurait pu en mettre dix.

– C'est la faute d'Olivier ! crie Antoine, déclenchant l'hilarité générale.

Olivier Giroud fait semblant d'être blessé.

– Alors, pour ceux qui n'auraient pas encore compris, je ne marque que de la tête. Le reste du temps, pas la peine de me passer le ballon ! plaisante-t-il.

N'Golo s'assoit tranquillement dans un coin pour s'étirer tout en profitant des blagues de ses coéquipiers. Il aurait bien besoin d'une séance chez le kiné. Heureusement pour lui, les Bleus vont bénéficier de presque une semaine de repos avant le quart de finale. Mais dès le lendemain, toutes les discussions tournent autour de l'Uruguay.

– J'ai regardé les enregistrements de leurs dernières rencontres et je pense qu'on peut faire la différence en milieu de terrain, déclare N'Golo à Paul lors du décrassage. On est plus forts physiquement, et plus expérimentés. C'est là-dessus que ça va se jouer selon moi.

Comme d'habitude, N'Golo a raison. Juste avant la mi-temps, Antoine obtient un coup franc sur la droite. N'Golo fait signe à Raphaël Varane et Samuel Umtiti de monter pour créer le danger dans la surface. Lui reste en retrait pour les couvrir. Antoine prend son élan et frappe directement sur Raphaël qui dévie le ballon dans le but.

– Je te l'avais dit ! lui crie N'Golo en lui sautant dans les bras pour le féliciter. On a besoin de vous sur ce genre d'action.

D'un tir lointain qui profite d'une faute de main du gardien, Antoine double la mise en seconde période. Les Bleus l'emportent sans encaisser un but, ce qui fait énormément plaisir à N'Golo.

– On a bien fait de resserrer les rangs derrière après le match contre l'Argentine, confie-t-il à Luc, son vieil ami, qui l'a appelé pour prendre de ses nouvelles.

– Tu dois te pincer de temps en temps pour t'assurer que tu n'es pas en train de rêver. Il y a quelques années à peine, tu jouais encore pour la JS Suresnes !

– Tous les jours ! répond N'Golo. On est à quatre-vingt-dix minutes de remporter la finale de la Coupe du monde. Je n'arrive pas à y croire.

Avec la pression qui monte, N'Golo parvient de moins en moins à trouver le sommeil.

– Je vais essayer de me vider la tête et de ne plus penser au football pendant au moins quelques heures, confie-t-il à Paul le lendemain matin, au petit déjeuner.

– Compte sur moi, répond Paul avec un sourire malicieux. Je crois que j'ai exactement ce qu'il te faut.

N'Golo lève les yeux au ciel.

– Oh non, j'aurais dû me taire !

Le soir même, Paul rassemble tous les joueurs dans une des salles de réunion de l'hôtel où il a installé un karaoké.

– Dimanche sera le plus grand match de notre vie, et la pression ne va faire que monter à mesure que nous nous rapprocherons du coup d'envoi, lance-t-il. Alors ce soir, on se vide la tête et on s'amuse !

Et sur ces mots, il tend trois micros à Antoine, Kylian et Hugo Lloris, avant de sélectionner une première chanson. Très vite, N'Golo se joint à toute cette joyeuse troupe. Il a de la chance d'être aussi bien entouré et de s'entendre avec ses partenaires, à la fois sur le terrain et en dehors.

Le lendemain, tout le groupe retourne à l'entraînement. N'Golo passe plusieurs heures à regarder des séquences vidéo de Luka Modric pendant le tournoi.

– Essaie de repérer les zones où il vient récupérer le ballon et trouve comment tu pourrais le mettre sous pression, suggère Didier.

En tant qu'ancien milieu de terrain, le sélectionneur donne souvent des conseils à N'Golo pour l'aider à affiner sa vision du jeu.

Les quelques jours séparant la demi-finale de la finale paraissent durer une éternité à N'Golo. Finalement, dimanche, le bus des Bleus arrive au stade, où une foule de supporters s'est déjà rassemblée pour les accueillir. N'Golo retire ses écouteurs et signe quelques autographes. Son rêve de participer à une finale de Coupe du monde est en train de devenir réalité – et il savoure chacun de ces moments.

Après avoir jeté un rapide coup d'œil sur le terrain, il s'installe près de son casier dans le vestiaire, enfile sa tenue et sort pour l'échauffement. C'est un bel après-midi ensoleillé et l'ambiance commence à monter dans les tribunes. N'Golo repense à la finale de l'Euro perdue il y a deux ans. À l'époque, il était remplaçant, mais plus aujourd'hui, il fait désormais partie des titulaires.

Didier n'a pas eu besoin d'un long discours avant l'entrée sur la pelouse pour le début du match. Toute l'équipe est gonflée à bloc.

– On va jouer comme on en a l'habitude, dit-il calmement. Pensez au pressing au milieu du terrain, et faites vite ressortir le ballon pour permettre à nos attaquants de s'exprimer. Je suis très fier de vous et du travail accompli tout au long de ces trois semaines. Il est temps de récolter le fruit de nos efforts, je compte sur vous !

Debout dans le tunnel, N'Golo penche la tête à droite et à gauche pour se détendre les nerfs du cou. Tout se joue là, maintenant. Ce match, il en a rêvé depuis qu'il était tout petit. Un officiel de la Fifa arrive avec un groupe d'enfants qui vont accompagner les joueurs jusqu'au centre du terrain. Alors que les deux équipes entrent sur la pelouse, N'Golo inspire profondément et serre la main d'un des garçons. Ils se sourient, c'est un moment unique qu'ils sont en train de vivre.

Le match commence sur un rythme haletant, et N'Golo entre immédiatement dans le vif du sujet. La

France ouvre le score, mais la Croatie égalise, avant que les Bleus ne reprennent l'avantage. Quelle mi-temps mouvementée ! N'Golo s'en veut de ne pas avoir été plus présent sur le but croate. Il a bien tenté de s'interposer, mais il était trop tard. Pour ce qui est du marquage de Luka Modric en revanche, il est irréprochable.

En seconde période, au moment où la France court vers sa victoire, N'Golo se repose sur le banc. Il se relève quand Kylian inscrit le quatrième but, et commence à rêver du titre avec les remplaçants. Ils comptent les minutes qui les séparent de leur triomphe. Lorsque l'arbitre siffle la fin du match, N'Golo se précipite sur le terrain. Il est ivre de joie et il n'a plus qu'une idée en tête : fêter ça avec ses coéquipiers.

– On a gagné, on est champions du monde ! crie Olivier. Tu le crois, ça ?

– C'est le plus beau jour de ma vie ! répond N'Golo avec un large sourire.

Lorsque vient son tour de prendre le trophée, N'Golo l'observe un long moment. Et puis il l'embrasse et le soulève très haut dans les airs.

La fête se poursuit jusque tard dans la nuit, et les nouveaux champions profitent de chaque instant.

Mais rien ne peut préparer N'Golo à ce qui les attend à Paris.

– Regarde, c'est fou, dit-il à Paul alors qu'ils saluent l'immense foule qui s'est rassemblée sur les Champs-Élysées pour les accueillir. C'est une chance et un honneur de pouvoir toucher autant de gens !

CHAPITRE 21

LA FINALE DE L'EUROPA LEAGUE

N'Golo s'en doutait, mais à son retour en Angleterre, Antonio a été remplacé pendant l'été à la tête de Chelsea par Maurizio Sarri. Ce dernier est un bon entraîneur qui a déjà officié en Serie A, comme Antonio, mais ça reste un grand changement pour tous les joueurs. N'Golo évolue désormais dans une position légèrement différente : de sentinelle devant la défense, il est passé milieu polyvalent.

– Je t'ai beaucoup observé et tu es un excellent passeur, lui explique Maurizio. Je veux qu'on monte les ballons plus vite et plus haut sur le terrain, et que tu puisses servir directement les attaquants. Essayons, et on verra comment ça fonctionne.

N'Golo acquiesce, à demi convaincu. Ce n'est pas dans sa nature de faire le jeu, mais pourquoi pas, si ça peut aider l'équipe. Malheureusement, son impression est confirmée dans les premiers matchs.

– Je suis toujours soit trop en avant, soit trop en arrière, confie-t-il à César un matin pendant l'entraînement. Je n'ai pas l'habitude de me retrouver aux abords de la surface de réparation.

– Pourtant, tu es devenu un buteur redoutable ! le taquine César.

N'Golo a en effet inscrit une volée lors du premier match de la saison contre Huddersfield, à la grande surprise de ses coéquipiers qui ne parlent plus que de ça.

N'Golo a beau se sentir plus à l'aise dans son nouveau rôle, Chelsea est rapidement distancé en Premier League. Liverpool et Manchester City font cavalier seul en tête du classement et, très vite, les critiques sur les choix tactiques de Maurizio se font de plus en plus fortes. Comme l'année précédente, Chelsea doit se rabattre sur les coupes.

L'équipe réalise d'ailleurs un bon parcours en Europa League. Après une victoire aux tirs au but contre l'Eintracht

Francfort, les Blues se qualifient pour la finale où ils affronteront leur rival : Arsenal.

– J'aurais préféré qu'on soit à la lutte pour le titre en Premier League, mais une finale européenne, ça ne se refuse pas, c'est un joli prix de consolation, confie N'Golo à Willian alors qu'ils montent dans l'avion.

– Je sais, répond-il. On a tendance à considérer ces titres comme acquis, mais je connais beaucoup de pros qui n'auront jamais la chance d'arriver à ce stade de la compétition.

Maurizio prend quelques instants pour motiver ses joueurs avant qu'ils ne pénètrent dans le tunnel qui les mènera jusqu'à la pelouse.

– Nous avons vécu des hauts et des bas cette saison, mais nous avons l'occasion unique de terminer sur une bonne note. Nos fans sont venus de loin ce soir pour nous encourager, alors ne les décevons pas et donnons-leur de quoi faire la fête quand ils rentreront à Londres.

Les officiels frappent à la porte. C'est l'heure. N'Golo salue quelques visages familiers de l'équipe d'Arsenal pendant qu'ils attendent, côte à côte, de pouvoir entrer sur le terrain. Demain, ils seront à nouveau tous amis, mais pendant les quatre-vingt-dix prochaines minutes, ils seront des adversaires. C'est bizarre de jouer une finale de coupe européenne contre un club de son propre pays. Ils se sont déjà rencontrés à plusieurs reprises durant la saison, ils se connaissent par cœur.

Après une première mi-temps sans but, Chelsea prend l'avantage sur Arsenal. N'Golo a le sentiment que ce sera probablement le dernier match d'Eden avec Chelsea. Pour l'occasion, ce dernier se donne vraiment à fond. N'Golo, lui, se contente de récupérer le ballon et de servir ses attaquants. C'est naturel pour lui.

Au moment où Eden inscrit son deuxième but de la soirée, portant le score à 4-1, les fans de Chelsea sont déjà en train de faire la fête. En revanche, le virage des supporters d'Arsenal s'est vidé assez vite. C'est un grand moment pour Maurizio également – après tout, c'est son premier trophée en tant qu'entraîneur –, et ça se voit au large sourire qui illumine son visage.

– On l'a fait ! crie N'Golo en serrant Maurizio dans ses bras. Allez, viens fêter ça avec les fans, tu le mérites autant que nous.

– Tu as beau avoir gagné deux fois la Premier League, une fois la FA Cup et la Coupe du monde, tu as l'air tout aussi enthousiaste que moi pour ce trophée-là ! lui glisse Maurizio pendant qu'ils s'approchent de la tribune.

– C'est toujours une joie intense, répond-il en haussant les épaules. Que veux-tu que je te dise ? J'adore gagner !

CHAPITRE 22

UN NOUVEAU DÉPART

N'Golo est à Chelsea depuis assez longtemps pour savoir que les dirigeants ont tendance à changer d'entraîneur régulièrement. Ce n'est donc pas une grande surprise de voir Maurizio Sarri quitter le club après une seule saison. Très vite, son successeur est désigné : ce sera Frank Lampard, légende de Chelsea. N'Golo n'a jamais joué contre lui, mais il connaît sa réputation et son lien si particulier avec Chelsea.

– Je suis ravi d'être de retour au sein du club et d'avoir la chance de vous entraîner, explique Frank lors de sa première rencontre avec l'équipe. Nous avons beaucoup de travail, mais j'espère qu'on prendra tous beaucoup de plaisir ensemble.

N'Golo est impatient de voir comment il va s'intégrer dans les plans de Frank. Sous la direction de Maurizio, il évoluait en tant que milieu de terrain plus avancé, avec Jorginho comme titulaire. Cela lui a permis d'être aux avant-postes et même de marquer quelques buts, mais il sent bien que ce n'est pas là qu'il est le meilleur. Ce qu'il aime, lui, c'est jouer devant la défense, multiplier les duels et gratter des ballons.

Il ne s'attendait pas à se retrouver sur la touche… Pour le premier match de la saison face à Manchester United, Frank choisit de mettre des jeunes dans son effectif de départ. N'Golo s'est blessé avant la reprise et Frank lui a expliqué qu'il voulait lui donner plus de temps pour récupérer. Malheureusement, les Blues s'inclinent d'entrée, avec le lourd score de 4-0.

– On doit guider les nouvelles recrues, dit N'Golo à César la semaine suivante à l'entraînement. Il y a beaucoup de talents dans cette équipe – Tammy Abraham, Christian Pulisic, Mason Mount –, mais ce n'est pas simple de se hisser au plus haut niveau, surtout en Premier League. On risque de traverser quelques turbulences.

César acquiesce.

– En attendant, nous devons continuer à grappiller quelques points pour donner de l'air au groupe.

Et peu à peu, Chelsea repart sur les rails. Tammy inscrit ses premiers buts et, après avoir manqué quelques matchs à cause d'un problème de cheville, N'Golo est de retour pour patrouiller au milieu du terrain. Avec Manchester United, Tottenham et Arsenal en difficulté, les Blues se hissent rapidement dans le top 4.

– Les choses commencent à s'arranger, déclare Frank après quelques semaines.

Comme Maurizio avant lui, le nouvel entraîneur de Chelsea fait souvent jouer N'Golo à côté de Jorginho, et le pousse à prendre des initiatives et à se lancer vers l'avant.

– Ça me permet de rappeler aux gens que je sais faire autre chose que tacler, confie N'Golo à Frank dans son bureau.

Contre une équipe de Southampton en difficulté, N'Golo a plusieurs fois l'opportunité de se projeter vers la surface adverse. Juste avant la mi-temps, il reçoit une passe de Marcos et lève les yeux, pour observer le terrain. Comme personne ne vient, il part en dribble vers le but, et tire. Le ballon est dévié, mais il termine tout de même sa course dans les filets.

Buuuuuuuuuuuuuuuuuuuuuuuuuuuuut !!!

– On joue de mieux en mieux, confie N'Golo à Frank sur le trajet du retour. On est une vraie équipe du top 4 désormais !

Bien que Liverpool file vers le titre, les débuts de Frank à la tête de Chelsea sont prometteurs.

– La saison prochaine, on va frapper un grand coup, dit N'Golo à sa famille lors du dîner d'anniversaire en l'honneur de sa mère. Ce sera une belle année.

Toute la famille a le sourire. N'Golo est un véritable compétiteur dans l'âme. Ils commencent à le connaître, il aime gagner des trophées plus que tout au monde.

– C'est ça, moquez-vous ! lance-t-il comme s'il pouvait lire dans leurs pensées. Ce qui me plaît, c'est d'aider mon équipe à atteindre ses objectifs. Qu'y a-t-il de mal à cela ?

– Rien, mon chéri, répond sa mère en l'embrassant.

– N'oublie pas que ce que tu as déjà accompli est incroyable. Je me souviens encore du soir où tu m'as dit pour la première fois que tu voulais devenir footballeur. Maintenant, regarde-toi. Tu as gagné la Coupe du monde, tu es deux fois champion de Premier League et je ne te parle même pas de toutes les distinctions individuelles que tu as reçues.

C'est au tour de N'Golo d'avoir le sourire. C'est bien, parfois, d'entendre ce genre de rappel.

– C'est vrai, tu as raison. J'ai vécu des choses extraordinaires, et tout ça, je n'aurais pas pu le faire sans vous.

Il s'arrête, prenant soudain conscience que toute l'attention est concentrée sur lui.

– Oh, regardez tous ces jolis cadeaux ! s'exclame-t-il pour changer de sujet. Allez maman, c'est le moment de les ouvrir.

C'est du N'Golo tout craché. Ce petit garçon timide qui s'est battu pour atteindre le sommet et devenir une superstar, sans jamais oublier de rester humble.

Tourne la page pour découvrir
un extrait exclusif d'une autre histoire
de footballeur fascinante,
racontée par Matt et Tom Oldfield...

EDEN HAZARD

Chapitre 1

CHELSEA EST CHAMPION !

3 mai 2015, Stamford Bridge, Londres

« Eden, Eden, Eden, Eden, Eden, Eden, Eden, Eden... EDEN ! »

« Allez, Chelsea ! »

On est à la fin de la première mi-temps, Willian effectue une talonnade en direction d'Eden, lancé à pleine vitesse dans la surface. Comme d'habitude, deux joueurs adverses se précipitent à sa rencontre. D'un double contact, il parvient à leur échapper, mais l'un d'eux commet une faute, et l'attaquant belge se retrouve au sol. Alors qu'il tente de se redresser, il se tourne vers l'arbitre. Ce dernier siffle un penalty.

Cesc Fàbregas aide Eden à se relever.

– Quand tu joues comme ça, personne ne peut t'arrêter ! lui glisse-t-il à l'oreille.

L'identité du tireur ne fait aucun doute : ce sera Eden. Il n'a manqué aucun penalty depuis le début de la saison.

Le public retient son souffle en espérant que ce tir-là ne fera pas exception.

Tandis qu'il attend le coup de sifflet de l'arbitre, les mains sur les hanches, Eden repense aux mots prononcés par son capitaine, John Terry, avant le match : « Si on gagne aujourd'hui, on sera champions de Premier League. »

Le silence règne dans le stade ; tout le monde sait à quel point ce but est important. Heureusement, Eden ne cède pas à la pression.

Le gardien se déplace de droite à gauche sur sa ligne pour le déconcentrer. Eden s'élance et tire du côté droit, mais sa frappe n'est pas aussi puissante que d'ordinaire et le goal repousse la balle. Mais ce n'est pas terminé ! Le ballon rebondit en l'air en direction d'Eden, qui, d'un coup de tête habile, le propulse dans les filets.

Buuuuuuuuuuuuuuuuuuuuuuuuuuuuuuuuuuuuu uuuuuuuuuuuuuuuuuuut !!!

Eden essuie la sueur sur son front. Il s'en veut d'avoir manqué ce penalty mais, au moins, il a marqué. Le public aussi est soulagé ; Chelsea est toujours en bonne voie pour remporter le titre.

Nemanja Matić serre Eden dans ses bras, et Didier Drogba se précipite pour le féliciter.

– On reparlera plus tard de cet horrible tir, plaisante-t-il. Pour l'instant, on est à quarante-cinq minutes de la victoire !

Au coup de sifflet final, la joie éclate dans Stamford Bridge. José Mourinho, l'entraîneur de Chelsea, salue ses adjoints sur le banc de touche. Le président, Roman Abramovich, lève les bras au ciel, et les joueurs se congratulent avant de former un grand cercle au centre du terrain. Eden est leur superstar, mais, aujourd'hui, c'est la victoire de tout un groupe.

– On l'a fait ! crie Eden à Cesc Fàbregas. On est champions !

Parés de casquettes et d'écharpes aux couleurs de Chelsea, ils entament un tour d'honneur pour remercier les fans de leur soutien. Eden aime les divertir, et c'est pour cette raison que les supporters l'apprécient autant. Tout au long de la saison, ils n'ont jamais cessé de chanter :

« Le bleu est notre couleur, le football est notre sport,
Nous sommes tous ensemble et gagner est notre but. »

Le capitaine John Terry court vers Eden et le serre dans ses bras.

– Quelle année ! lance-t-il en riant. Quelle chance on a de t'avoir parmi nous !

C'est le plus beau moment de la vie d'Eden. Devenir champion de France, avec le club de Lille, c'était déjà un superbe exploit, mais remporter la Premier League, le plus grand championnat au monde, est un rêve qui devient réalité.

Eden retrouve sa femme, Natacha, et l'embrasse. Sa famille compte plus que tout à ses yeux, et il est heureux de pouvoir partager ces instants avec elle. Il emmène ses deux fils sur le terrain. Ils portent le maillot de Chelsea avec, au dos, leur prénom et le numéro 10 de leur papa. Il tient Yanis par la main et Léo dans ses bras tandis que les supporters lui rendent hommage. Eden n'oubliera jamais ce moment.

Apercevant ses parents et ses frères dans les tribunes, il les salue. Chez les Hazard, on est fous de foot. Eden n'aurait pas pu rêver plus belle famille où grandir, et il leur est reconnaissant de l'avoir soutenu tout au long de ces années.

Il y a une dernière personne qu'il doit remercier.

– Tu m'as appris tellement de choses, dit-il à Mourinho, et aujourd'hui je peux affirmer que je n'ai jamais aussi bien joué.

– Je n'y suis pour rien, répond modestement l'entraîneur. Tout ce que tu as, tu le dois à ton travail. Alors profites-en et va t'amuser avec les autres !

Il a raison, Eden a travaillé dur pour faire taire les critiques et pour s'imposer au cœur de l'effectif. S'il a toujours été doué, il a désormais de nouveaux atouts dans son jeu : il est plus fort, plus déterminé et, surtout, plus régulier. Les supporters sont habitués à ses nombreux coups de génie. Ils savent qu'ils peuvent compter sur lui, même quand la situation semble désespérée.

Depuis le jardin de sa maison familiale jusqu'aux plus grands stades d'Europe, le parcours d'Eden n'a pas été de tout repos. Aujourd'hui, il est champion de Premier League et élu « joueur de l'année ». Eden a apprécié chaque minute de son ascension et il est impatient de voir ce que l'avenir lui réserve.

REMERCIEMENTS

Tout d'abord, j'aimerais remercier Bonnier Books UK – et en particulier mon éditrice, Laura Pollard – pour m'avoir soutenu tout au long de ce projet et pour gérer le navire en constante expansion des *Superstars du foot*. Écrire des histoires à l'intention de la prochaine génération des fans de football est à la fois un honneur et un plaisir.

Jamais je n'y serais arrivé sans mon frère Tom, à qui je dois tant. Je lui suis incroyablement reconnaissant d'avoir toujours cru en mes capacités d'auteur. J'ai l'impression d'être Robin, qui commence une carrière solo après avoir travaillé en équipe avec Batman. J'espère lui faire honneur (à Tom, pas à Batman) avec ces nouveaux livres.

Je tiens aussi à remercier mes amis, dont la présence m'a aidé à ne pas devenir fou lors des longues heures passées rivé à mon ordinateur : Pang, Will, Mills, Doug, John, Charlie, c'était toujours un plaisir de vous recevoir lorsque vous passiez prendre un café et échanger quelques blagues.

Bien que j'aie déjà remercié mon frère, je pense qu'il est nécessaire de m'adresser aussi au reste de notre famille. Merci à tous, en particulier à Melissa, à Noah et, bien sûr, à papa et à maman. C'est à mes parents que je dois mes plus grandes passions : le football et les livres. Ils seront toujours une inspiration primordiale dans tout ce que j'accomplirai.

Et puis, en fin de compte, je n'aurais rien pu faire de tout cela sans les encouragements et la patience d'Iona, pendant ces longs week-ends où je ne faisais que travailler. Je t'exprime tout mon amour.

TABLE DES MATIÈRES

PALMARÈS DE N'GOLO KANTÉ

Leicester

- Premier League : 2015-2016

Chelsea

- Premier League : 2016-2017
- FA Cup : 2017-2018
- UEFA Europa League : 2018-2019

France

- Coupe du monde : 2018

Individuel

- Équipe PFA de l'année Premier League : 2015-216, 2016-2017
- Joueur de l'année par les joueurs de Leicester : 2015-2016
- Joueur PFA de l'année : 2016-2017
- Joueur de la saison en Premier League : 2016-2017
- Footballeur de l'année de la FWA : 2016-2017
- Joueur de l'année par les joueurs de Chelsea : 2016-2017
- Joueur de l'année à Chelsea : 2017-2018
- Joueur français de l'année : 2017
- Équipe de l'année de l'UEFA : 2018
- Milieu de terrain ESPN de l'année : 2019

KANTÉ

4

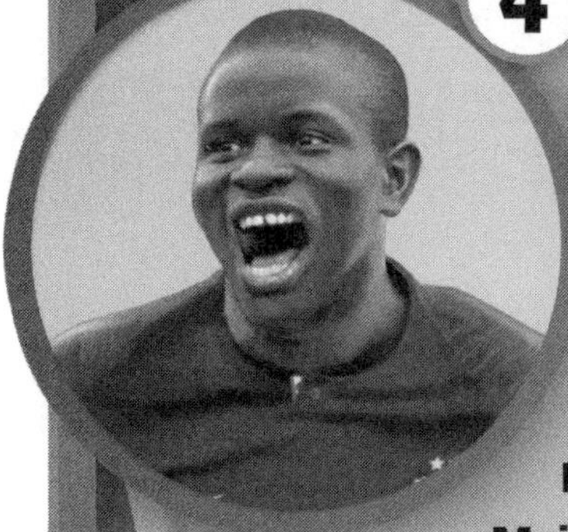

Nom : N'Golo Kanté

Date de naissance : 29 mars 1991

Âge : 29 ans

Lieu de naissance : Paris

Nationalité : française

Meilleur ami : Riyad Mahrez

Club actuel : Chelsea

Position : milieu

Taille (cm) :	**168**
Apparitions en club :	**359**
Buts en club :	**22**
Trophées en club :	**4**
Apparitions internationales :	**39**
Buts internationaux :	**39**
Trophées internationaux :	**1**
Ballons d'or :	**0**

★ ★ ★ **Score de superstar : 90** ★ ★ ★

LES PLUS GRANDS MOMENTS

Tu veux revivre les plus grands moments de N'Golo Kanté, revoir ses plus belles actions? Cherche sur Internet des extraits vidéo de ces matchs : tu vas en prendre plein la vue!

9 AOÛT 2014
ÉVIAN THONON GAILLARD 0-3 SM CAEN

Après deux saisons passées à Caen en Ligue 2, N'Golo fait ses débuts en Ligue 1. Après seulement douze minutes, il fête déjà son premier but! Sur un centre en retrait dans la surface, N'Golo oriente bien son corps et marque d'un plat du pied qui laisse le gardien sur place. Inutile de dire qu'après cela, Leicester City s'est dépêché de faire une offre pour le signer…

6 FÉVRIER 2016
MANCHESTER CITY 1-3 LEICESTER CITY

C'est le jour où Leicester a montré que les joueurs pouvaient vraiment aller au bout et remporter le titre en Premier League. N'Golo ne marque pas, mais il joue un rôle non négligeable dans la victoire. Il remporte la bataille du milieu de terrain contre Fernandinho et Yaya Touré, et il est l'auteur de la passe décisive sur le deuxième but signé Riyad Mahrez. Trois mois plus tard, Leicester est couronné champion.

23 OCTOBRE 2016
CHELSEA 4-0 MANCHESTER UNITED

Après une défaite embarrassante 3-0 face à Arsenal, les joueurs de Chelsea savent qu'ils doivent se remettre en question. Leur manager, Antonio Conte, modifie sa formation, et notamment son milieu de terrain. Ce slalom dans la défense que N'Golo conclut par une superbe frappe croisée est le début d'une épopée incroyable qui le menera à son deuxième titre de Premier League en deux ans.

19 MAI 2018
CHELSEA 1-0 MANCHESTER UNITED

Après la défaite surprise en finale de la FA Cup 2017 contre Arsenal, Chelsea rebondit l'année suivante pour rejoindre à nouveau le stade de Wembley. Cette fois, ils sont déterminés à gagner, et la présence musclée de N'Golo en milieu de terrain a joué un rôle décisif dans leur victoire.

15 JUILLET 2018
FRANCE 4-2 CROATIE

Deux ans après avoir regardé la finale de l'Euro 2016 depuis le banc de touche, N'Golo est titulaire lors de la finale de la Coupe du monde. Quelle soirée ! Il n'a pas marqué, mais il a assuré le travail défensif avec brio, en réussissant notamment à contrer Luka Modric. Un titre de champion du monde bien mérité !

JOUE COMME TON HÉROS

GAGNE TES DUELS COMME N'GOLO KANTÉ

1 : Commence par travailler ta condition physique car tu vas devoir beaucoup courir.

2 : Reste toujours en alerte et bien positionné. Parfois, tu n'auras pas beaucoup de travail, mais quand ton équipe aura besoin de toi, tu devras répondre présent !

3 : Lorsque tes adversaires passent à l'attaque, va à leur contact, mais ne te lance pas trop vite. Tu dois d'abord lire attentivement la situation.

4 : Si ton vis-à-vis décide de partir en dribble avec le ballon, utilise ta vitesse pour le suivre et tacle-le pile au bon moment. Bim, ballon récupéré !

5 : Si ton vis-à-vis choisit de faire une passe, essaie d'anticiper à quel endroit il va la donner pour être sur le ballon en premier. Et une nouvelle récupération, une !

6 : Dès que tu peux, relance le ballon en direction des attaquants et regarde-les marquer et recueillir les applaudissements de la foule.

7 : Pas le temps de faire la fête. N'oublie pas que tu es un homme de l'ombre : ton travail n'est pas terminé tant que l'arbitre n'aura pas sifflé la fin du match et que tu n'auras pas remporté tous tes duels.

ÉVALUE TES CONNAISSANCES

1. Quel match disputé en 1998 a donné envie à N'Golo de devenir footballeur et de jouer pour la France ?
2. Quelle est la seule position dans laquelle N'Golo ne voulait pas jouer à la JS Suresnes ?
3. Quel milieu de terrain havrais était le héros de N'Golo ?
4. Quel âge avait N'Golo quand il a déménagé à Boulogne ?
5. Comment N'Golo se rendait-il à l'entraînement à ses débuts ?
6. Combien de saisons N'Golo a-t-il passées à Caen ?
7. Combien le club de Leicester a-t-il payé pour signer N'Golo en 2015 ?

8. Combien l'équipe de Chelsea a-t-elle payé pour signer N'Golo un an plus tard ?

9. Combien de titres de Premier League N'Golo a-t-il remportés jusqu'à présent ?

10. Vrai ou faux ? N'Golo a joué pour la France lors de la finale de l'Euro 2016.

11. Qui était le principal partenaire de N'Golo en milieu de terrain lors de la Coupe du monde 2018 ?

Réponses ci-dessous... Ne triche pas!

1. La finale de la Coupe du monde. 2. Gardien de but. 3. Lassana Diarra. 4. Dix-neuf ans. 5. Sur une trottinette! 6. Deux saisons au total - une en Ligue 2 et une en Ligue 1. 7. 9 millions d'euros! 8. 35 millions d'euros! 9. Deux. 10. Faux : il était sur le banc, et il n'est pas entré. 11. Paul Pogba.

COLLECTIONNE TOUTES LES SUPERSTARS DU FOOT !

Composition : Le Cercle digital
Impression : Black Print en août 2020
Éditions Albin Michel
22, rue Huyguens, 75014 Paris
www.albin-michel.fr
ISBN : 978-2-226-45127-9
N° d'édition : 24007/01
Dépôt légal : septembre 2020
Loi n° 49-956 du 16 juillet 1949
sur les publications destinées à la jeunesse.
Imprimé en Espagne